T0355829

DOÑA GORGO
@semontolahistoria

Esta historia NO te la habían contado

Ilustraciones de
DIANACONDA

ALFAGUARA

Papel certificado por el Forest Stewardship Council®

Penguin
Random House
Grupo Editorial

Primera edición: noviembre de 2024

Printed in Spain – Impreso en España

ISBN: 978-84-19982-18-6
Depósito legal: B-16015-2024

Compuesto en Punktokomo, S. L.
Impreso en Huertas Industrias Gráficas, S. A.
Fuenlabrada (Madrid)

AL 82186

A ti, que buscas el conocimiento,
lees con avidez y te emocionas
descubriendo la otra cara de la historia

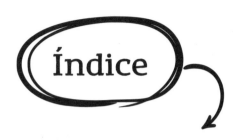

Índice

Introducción		8
Capítulo 1	NI BRUTOS NI MÁS TONTOS QUE UNA PIEDRA	12
Capítulo 2	UNA ODISEA DE ESCLAVOS Y LÁTIGOS	21
Capítulo 3	PECHOS CERCENADOS Y SEÑORAS LUCHADORAS	30
Capítulo 4	300 HOMBRES Y UN DESTINO	40
Capítulo 5	¡ESTE CABALLO NO ES MI CÓNSUL!	48
Capítulo 6	GLADIADORES CON EXTRA DE MUERTE	58
Capítulo 7	ALFOMBRAS TEJIDAS CON MENTIRAS Y AMBICIÓN	68
Capítulo 8	DERECHOS FEUDALES Y MUJERES VIRGINALES	79
Capítulo 9	¡BASTA DE CASCOS CON CUERNOS!	91
Capítulo 10	CUANDO BRAVEHEART NO EXISTÍA	101
Capítulo 11	¡NI PLANA, NI PLANO!	112
Capítulo 12	NI UN PELO DE LOCA	120
Capítulo 13	NUNCA VAS A ENCONTRAR UN TESORO PIRATA	132
Capítulo 14	TÚ LA JUZGAS, YO LA QUEMO	143
Capítulo 15	NO METAS EL DEDO EN EL PASTEL	153
Aclaraciones por capítulos		164
Agradecimientos		175
Bibliografía		177

Introducción

«NO CONOCEMOS LA HISTORIA, SINO LA VERSIÓN QUE NOS HAN CONTADO DE ELLA».

No es una mala frase, ¿verdad?

Si te dijera que fue escrita en el siglo VI a. C., posiblemente te sorprendería lo bien que encaja con nuestros parámetros sociales. Y, si la atribuyera a Safo de Mitelene, y te contara que la escribió para defenderse de aquellos que la criticaron por dedicarse a la poesía, la frase se convertiría en una cita célebre. Subiría de categoría automáticamente y sería parte de la miscelánea europea, quedando imbuida por sentimientos de perseverancia y empatía.

Pero lo cierto es que **esta frase no pertenece a una figura importante**. Y, desde luego, **nadie la ha empuñado como un arma intelectual**. En realidad, **fue una invención de media tarde**, un pensamiento fugaz, que se me ocurrió mientras visitaba un yacimiento arqueológico de la Edad del Hierro.

Lo interesante aquí es que, durante el efímero instante en que te has imaginado a Safo escribiéndola para luchar contra las preconcepciones sociales, esta frase ha estado llena de posibilidades. Incluso podría haber sido parte de una camiseta, de un mural inspirador o un tatuaje (he aquí la razón por la que debes revisar el origen y significado de todo cuanto vaya a decorar tu piel de forma permanente).

GORGO DATO

LOS BULOS HISTÓRICOS SURGEN COMO UN HECHO TAN LLENO DE POTENCIAL PARA LA VERDAD QUE PODRÍA LLEGAR A SER CIERTO. Y NO SIEMPRE SE CREAN CON INTENCIONES MALVADAS; A VECES SURGEN COMO UN MERO COTILLEO O UN RAZONAMIENTO ERRÓNEO.

Para intentar clasificarlos, suelo decir que tenemos tres tipologías de bulos:

★ Los **bulos adorno**, pensados para captar la atención del lector. Podríamos afirmar que son como los cotilleos de tu vecino del quinto: priorizan los detalles más escabrosos o curiosos de la historia, para entretenerte en el rellano y que sigas dándole coba. Y, por supuesto, como suelen inspirarse en rumores, adquieren altas dosis de dramatismo.

★ Los que **nacen por un error de interpretación o de traducción**. Son muy típicos cuando una cultura trata de asimilar conceptos que le son ajenos o cuando los datos resultan insuficientes. Suelo ser bastante magnánima al hablar de estos bulos porque creo que todo el mundo es susceptible de meter la pata.

★ Los que **se crean adrede**. Su función es ensalzar, rebajar o alterar la relevancia de una época, figura o hecho histórico. Tras este tipo de bulos se esconden motivaciones mundanas, como los intereses políticos y económicos, así que suelen distinguirse con facilidad porque sus instigadores apelan a los sentimientos del público (provocando afinidad o rechazo) para conseguir sus propósitos. Te harán odiar a Cleopatra, presentándola como una envenenadora y *femme fatale*; o despreciar la Edad Media, convenciéndote de que fue una época de ignorancia y brutalidad.

Los bulos suelen aprovecharse de la falta de conocimiento para funcionar, pero también se valen de la **distancia temporal** y de las **creencias adquiridas**. Además, como se heredan de generación en generación, no solo se asientan, sino que crecen como una bola de nieve rodando montaña abajo. Por desgracia, si no se detienen a tiempo, hacen una escabechina en la memoria histórica colectiva.

Este libro trata de explicar y enmendar el daño de aquellos bulos que ya han provocado un desastre al quedar asimilados como verdades en el imaginario social Ahora bien, durante las horas que te ocupe su lectura, quiero que tengas presente que **no pretende ser** tanto **un ensayo histórico como una travesía**. Me gustaría que me acompañes a romper algunos estereotipos y mentirijillas historiográficas, que vivas una experiencia de aprendizaje lo más completa posible, que desarrolles tu pensamiento crítico y, sobre todo, que disfrutes. Si después de finalizar nuestro viaje quisieras ampliar tu conocimiento sobre cualquiera de los quince temas que voy a explicarte, en las últimas páginas encontrarás una amplia bibliografía que te animo a consultar.

Tampoco quiero dejar pasar la oportunidad de recordarte que **hay muchísimos más bulos en la Historia de la humanidad**, pero, para no escribir un tomo de 900 páginas, no me ha quedado más remedio que escoger algunos de los más famosos (que, para bien o para mal, implican a Europa de alguna manera). Pido disculpas de antemano si a algún lector le parece que debería haberme centrado en bulos menos conocidos.

Por otro lado, la amplia envergadura cronológica de este manual (empezaremos por la Prehistoria y terminaremos al final de la Edad Moderna), me ha obligado a ser más concisa de lo que acostumbro. Confieso que me habría encantado contarte los pormenores de las primeras rutas del comercio marítimo, los detalles sobre los rituales funerarios de los neandertales, deconstruir contigo el concepto de «sociedad medieval» y extenderme en las medidas políticas de Luis XVI. Pero una antología sobre bulos históricos no sería el lugar idóneo para semejante verborrea.

Espero que esta sea una toma de contacto para muchos lectores; una piscina segura donde aclimatarse antes de empezar a nadar en la marea de conocimiento que aguarda en librerías y bibliotecas. **Y si, además, consigo que dejes de asociar la Historia con esa «asignatura petarda» que estudiaste en el instituto, me daré con un canto en los dientes.** Ojalá, en una futura aventura editorial, te apetezca acompañarme a redescubrir nuestra Historia en profundidad.

De momento, te dejo con *Esta historia no te la habían contado. Bulos históricos desde las cavernas hasta la guillotina* esperando que, cuando termines su lectura, te des cuenta de que, a menudo, **no conocemos la Historia, sino la versión que nos han contado de ella.**

Capítulo 1:

NI BRUTOS NI MÁS TONTOS QUE UNA PIEDRA

Es muy probable que, alguna vez, hayas usado la palabra **«neandertal»** a modo de insulto. Tal vez, incluso, sea lo primero que se te viene a la cabeza cuando piensas en alguien que actúa de modo brutal e incivilizado. ¿He acertado? Pues déjame decirte que estás usando mal el término y haciéndole un feo enorme a los neandertales. Vente conmigo, que te lo explico.

Antes que nada, vamos a hablar de las cadenas filogenéticas.

¿DE LAS QUÉ?... ¡YA ME HE PERDIDO, DOÑA GORGO!

¡No te preocupes! Mira, a grandes rasgos, **la filogenia es una disciplina de la biología que nos ayuda a comprender cómo evolucionaron las especies a partir de un ancestro común.** Puesto que no podemos viajar atrás en el tiempo, esto **es superútil para descubrir cómo se transformaron y desarrollaron los diferentes seres vivos que habitan nuestro planeta.** Esos pasitos evolutivos se representan en la cadena filogenética, que vendría a ser como un linaje familiar, pero centrado en rasgos biológicos.

Los seres humanos tenemos nuestra propia cadena filogenética, que va desde nuestra etapa evolutiva más avanzada (el ser humano actual) hasta nuestro primer antepasado, pasando por las diferentes fases de géneros como el *Homo*. Y, antes de que te dé un vuelco la patata y empieces a agobiarte preguntándome «qué es eso del género y del *Homo*», quiero que te imagines que estás en una mercería clasificando botones. Ya sé que parece que no viene a cuento, pero tú hazme caso e imagínalo.

Estás clasificando botones por tamaño, por color y por material. Al principio puede parecer fácil, ¿no? Solo tienes que hacer nueve montoncitos: tres colores (rojo, negro y verde), tres materiales (plástico, madera y nácar) y tres tamaños (pequeño, mediano y grande). Pero ¿qué pasa cuando hay un botón rojo y grande? ¿Y si hay uno de madera, negro y pequeño?... ¿Dónde los pones? ¿A qué grupo pertenecen? Tras darle muchas vueltas, te darás cuenta de que **necesitas crear subcategorías para poder ordenarlos todos sin obviar ninguna de sus peculiaridades.** Así, dentro de la categoría roja, tendrás botones rojos grandes de plástico, rojos pequeños de plástico, rojos medianos de plástico, rojos grandes de madera, rojos medianos de madera, rojos pequeños de madera, rojos grandes de nácar... Bueno, creo que ya te haces una idea. Pues en biología existe algo parecido que se llama **categoría taxonómica**, y que nos ayuda a clasificar todos los organismos vivos desde las características más generales hasta las más específicas. El género es una de esas categorías o taxones.

En el caso de los seres humanos, somos parte de la familia *Hominidae* (los primates) que incluiría géneros como el *Ardipithecus*, el *Australophitecus*, el *Paranthropus*... o el *Homo*. ¿Y cómo pasamos de ser primates a humanos?, te preguntarás. Pues debemos agradecérselo a una evolución biológica que nos hizo **bípedos** —caminamos erguidos sobre nuestras patas traseras—, **plantígrados** —al caminar, apoyamos toda la planta del pie en el suelo—, y que **aumentó nuestra capacidad craneal** (entre otras muchas cosas). Como no quiero enrollarme demasiado en este punto, si quieres saber más sobre estas transformaciones, puedes buscar información de la antropogénesis y el proceso de hominización.

Ahora viene lo bueno: podríamos decir que nuestra cadena filogenética se parece más a un árbol que a una cadena, porque no evoluciona en una única línea recta, sino que se diversifica creando múltiples ramas que, a su vez, desarrollan otras más pequeñas.

VALE, PERO... ¿QUÉ PINTA EN TODO ESTO UN NEANDERTAL?

El neandertal es una de esas múltiples ramas evolutivas del género _Homo_. De hecho, llevamos en nuestro genoma entre un 2 y un 4 por ciento de herencia genética neandertal, lo que nos ha aportado ciertas ventajas evolutivas como soportar mejor el frío. Eso sí, debes tener en cuenta que, aunque pertenezcamos al mismo género, los neandertales tuvieron rasgos propios. Siempre que explico esto, me gusta poner el ejemplo del tigre y el león: ambas son especies diferentes con características propias, ¿verdad? El pelaje a rayas y la melena son dos características que podemos percibir a simple vista. Pero, aun así, ambas pertenecen al mismo género; de hecho, si te fijas en su nombre científico, verás que el tigre es _Panthera tigris_ y el león es _Panthera leo_. Pues lo mismo pasa con el _Homo sapiens_ y el _Homo neanderthalensis_.

El problema es que, inicialmente, no se aceptó el hecho de que fuéramos especies emparentadas pero con diferencias morfológicas y comportamentales. Muchos estudiosos del siglo XIX asumían que la evolución era como un puente que unía el punto A con el B, así que cualquier tabla suelta que desestabilizara el camino era un «eslabón perdido». Para ellos, el _Homo neanderthalensis_ fue precisamente eso: una etapa primitiva, marcada por la brutalidad y la estupidez, que habíamos logrado superar al convertirnos en el «maravilloso e inteligentísimo» —nótese la ironía— _Homo sapiens_.

En parte, porque juzgaron el libro por su portada. Me explico:

La forma del cráneo de un neandertal es diferente a la nuestra: más grande, sin mentón, con una frente desplazada hacia atrás (es lo que se conoce como frente huidiza) y doble arco superciliar. ¿A que me ha quedado guay lo del doble arco, aunque no sepas lo que significa? Venga, para no dejarte con la duda, te cuento lo que es. Tócate las cejas. ¿Notas una zona ósea que sobresale un poquito entre la frente y las cuencas de los ojos? Eso es tu **arco superciliar**, que te protege de un disgusto si te das un golpe. Pues, en los neandertales, sobresalía el doble.

FEO

BRUTO

TONTO

Cuando los estudiosos del siglo XIX compararon la morfología craneal del neandertal (más tosca y ruda) con la del *Homo sapiens*, **supusieron que los neandertales eran seres deformes, brutos y más tontos que una piedra**. Así que los retrataron como **desarrapados y feos**, incapaces de desarrollar una cultura y abocados a la destrucción. Pero nada más lejos de la realidad.

ENTONCES ¿ERAN INTELIGENTES?

¡Claro!

GORGO DATO

HOY EN DÍA SABEMOS MUCHO ACERCA DE ELLOS: PODEMOS ASOCIARLOS CON LA CULTURA MUSTERIENSE (DESARROLLADA DURANTE EL PALEOLÍTICO MEDIO), SABEMOS QUE EMPLEABAN EL FUEGO, QUE CUIDABAN DE LOS HERIDOS Y QUE FABRICABAN HERRAMIENTAS MUY SOFISTICADAS.

De hecho, ahora mismo, mientras escribo este capítulo, se ha publicado un estudio en la revista *Science Advances* que demuestra que los neandertales utilizaban un adhesivo a base de ocre y betún para fijar láminas de piedra (lascas que ellos mismos tallaban) a mangos de madera, creando así sus propias herramientas. Y, cuidado, porque estamos hablando de utensilios que tienen entre 120.000 y 40.000 años de antigüedad. Si eso no te demuestra que eran unos cracks...

¡PARA, PARA! ¿ANTES HAS DICHO QUE CUIDABAN DE LOS HERIDOS?

Efectivamente. Lo sé, la idea de que prodigasen cuidados a los enfermos le choca a todo el mundo porque estamos muy acostumbrados a esa imagen hollywoodiense del grupo de cazadores que deja atrás al herido bajo la premisa de que «si no puede contribuir a la supervivencia del grupo, se convierte en un lastre». Pero lo cierto es que **había muchas maneras de ser útil en las comunidades prehistóricas**; por no mencionar que **sus miembros tenían un fuerte sentimiento de pertenencia al grupo y, probablemente, de apego hacia el resto de sus compañeros.**

En el caso de los neandertales, uno de los mejores ejemplos de esto es **el sujeto Shanidar I**. Este hombre neandertal encontrado —precisamente y valga la redundancia— en la cueva de Shanidar (Irak) rondaba los cuarenta y cinco años cuando murió y la verdad es que había tenido mala suerte en la vida. Sabemos que sufrió **un tremendo golpe en la cabeza cuando era niño (que le habría causado ceguera en el ojo izquierdo y atrofia en el lado derecho del cuerpo), una fractura múltiple en la pierna y la amputación de un brazo a la altura del codo.** Sobra decir que esta persona no podía participar en ninguna actividad física, pero no por ello fue dejado de lado. Al contrario, era cuidado por sus compañeros y considerado uno más. **Su valor no residía en la fuerza, así que quizá la** compañía y la sabiduría que pudiera transmitir al grupo fueran lo más importante. ¿Quién sabe? Tal vez, durante el tiempo que su brazo **izquierdo se lo permitió**, enseñó a las nuevas generaciones a pintar y confeccionar hermosos adornos.

¿PINTURA? ¿ADORNOS? ¿A LOS NEANDERTALES LES GUSTABA EL ARTE?...

Todo parece indicar que sí. Y no es de extrañar porque, **como ya has comprobado, a pesar de la imagen de brutalidad y salvajismo que pesa sobre ellos, los neandertales eran bastante sofisticados**. Conozcamos algunas de sus obras más interesantes, ¿te parece?

Hace casi 48.000 años, un neandertal recogió una concha marina (un *Aspa marginata*), la coloreó con un pigmento rojizo, perforó uno de sus lados y se la colgó del cuello. En 2013, **esta concha fue hallada en la cueva veronesa de Fumane, a cien kilómetros de la costa.** Puede parecer un trayecto ínfimo para nosotros, acostumbrados a recorrer esa distancia en coche en no más de una hora, pero en aquel momento el viajecito habría equivalido a veinte horas de caminata sin descanso. ¿Qué llevó a ese hombre o mujer neandertal a portar consigo una concha de un lugar tan alejado? No lo sabemos. Quizá fuera un recuerdo, una muestra de creatividad o tal vez había un simbolismo ritual. Pero lo cierto es que, salvando las distancias sociológicas y la necesidad actual de preservar el ecosistema marino, no parece muy distinto de lo que hacíamos de niños (aquellos que nos criamos en pueblos marineros) decorando conchas que luego usábamos como joyas.

También tenemos vestigios de posibles **figuras rituales,** como el hueso de ciervo gigante hallado en Einhornhöhle (Alemania) y **tallado con un dibujo lineal hace 51.000 años.** Para realizar la talla, además de una gran precisión, fue necesario ablandar el hueso introduciéndolo en agua hirviendo. Esto demuestra el **alto nivel de ingenio e imaginación** de los neandertales, aunque aún no sepamos cuál era su significado.

Y, si hablamos de pintura rupestre, nos metemos en un pequeño berenjenal de fechas. Aunque tienes varias puntualizaciones en el apartado «Aclaraciones por capítulos», quisiera comentar brevemente que la datación de algunas cuevas de la península ibérica está siendo especialmente controvertida. Destacaré la cueva de Ardales (en Málaga) y la cueva de Maltravieso (en Cáceres), que, en estudios recientes, fueron fechadas como representaciones de **arte neandertal de hace 64.000 años.**

SI LA DATACIÓN POR U-TH ES CORRECTA, EL OCRE ROJO QUE DECORA SUS PAREDES Y ESTALACTITAS DEMOSTRARÍA QUE EL NEANDERTAL DESARROLLÓ SU PROPIO PENSAMIENTO ABSTRACTO MUCHO ANTES QUE EL *HOMO SAPIENS.*

Y, SI ERAN TAN INTELIGENTES Y CAPACES, ¿POR QUÉ DESAPARECIERON?

Pues verás, **a lo largo de estos dos últimos siglos, se han planteado múltiples hipótesis que suelen asociar su desaparición con la hegemonía del *Homo sapiens*.** Vamos a ver algunas de ellas y a intentar **«desmontarlas»** a medida que las comentamos, ¿vale?

- **El neandertal, al ser una especie intelectualmente inferior, fue dominado y exterminado por el *Homo sapiens*.** Con todo lo que hemos aprendido en este capítulo, creo que estarás de acuerdo conmigo en que la opción de la superioridad intelectual no es la más acertada, ¿verdad? Además de que **se ha demostrado que *sapiens* y neandertales convivieron durante miles de años,** la idea de una guerra encarnizada no tendría mucho sentido. Si comparamos a ambas especies a nivel anatómico, comprobaremos que **los neandertales eran mucho más fuertes y corpulentos**, así que, si de exterminio se tratara, le habrían dado al *Homo sapiens* una tremenda paliza.

- **La dieta variada del *Homo sapiens* lo ayudó a adaptarse a los cambios climáticos, pero el neandertal no pudo.** Esta teoría vuelve a partir de la imagen del neandertal salvaje, comiendo carne medio cruda y tan incapaz de digerir una lechuga como Homer Simpson de prepararse un sándwich vegetal. Pero, en realidad, **los neandertales tenían una dieta rica y nutritiva que incluía fruta, tubérculos y semillas**, así que esta opción también la tachamos.

- **Los neandertales no estaban inmunizados contra las enfermedades del *Homo sapiens*.** Ya sé, ya sé; la pandemia, al más puro estilo de *La guerra de los mundos* suele parecer la opción más lógica. Pero lo cierto es que **las pruebas arqueológicas tampoco validan esta teoría.** Piensa que las epidemias suelen ser bastante rápidas en comparación con el proceso de desgaste que vivieron los neandertales. **Tardaron cerca de 5.000 añitos en desaparecer, así que una enfermedad mortal y altamente contagiosa parece una hipótesis poco probable.**

Vistas y descartadas las teorías más populares, sé que te quedas con la mosca detrás de la oreja porque quieres una explicación a este misterio. Así que voy a compartir contigo la fórmula secreta que usamos los historiadores cuando nos encontramos ante situaciones como esta. ¿Estás preparado? Redoble de tambores, por favor...

«POR NORMA GENERAL, LOS HECHOS HISTÓRICOS NO ATIENDEN A CAUSAS ÚNICAS, SINO A UN CÚMULO DE FACTORES».

Cuando tienes un mal día, ¿a qué se debe? Normalmente te pasan varias cosas: te has quedado dormido, llegas tarde, te cae la bronca, discutes con alguien a quien quieres, te da un bajonazo, empiezas a hablarte mal... Probablemente, una sola de estas vivencias no te haría tener un mal día porque habría experiencias positivas para compensarlo: una llamada de un amigo, pasar un rato con tu gato, comerte una tarta de queso... Pero, cuando parece que todos los astros se alinean para jo... robarte, ahí tienes un día de perros. Pues digamos que a los neandertales les pasó eso.

TAL VEZ EL CAMBIO CLIMÁTICO LOS DESGASTÓ; PUEDE QUE LA MORTALIDAD AUMENTARA, QUE HUBIERA MENOS COMIDA, QUE APARECIERAN NUEVAS ENFERMEDADES... Y ESE CÚMULO DE FACTORES ACABÓ CON ELLOS.

Capítulo 2:

UNA ODISEA DE ESCLAVOS Y LÁTIGOS

Cuando alguien me dice que las pirámides egipcias fueron construidas por esclavos, lo primero que pienso es: **«¡Claro que sí! Y, mientras lo hacían, bailaban una coreografía grupal al son de "Holding Out for a Hero", de Bonnie Tyler»**. A ver, ya puestos a inventar, podemos ser creativos, ¿no?

Ahora en serio, **los esclavos no tuvieron nada que ver con la construcción de las pirámides**, así que a lo largo de este capítulo voy a explicarte este tremendo (y tan famoso) bulo histórico. Lo primero es lo primero: ¿sabes qué es una pirámide y para qué sirve?

¡POR FAVOR, DOÑA GORGO! ¡LA DUDA OFENDE! LAS PIRÁMIDES FUERON CONSTRUIDAS EN EL ANTIGUO EGIPTO PARA PRESERVAR EL CUERPO MOMIFICADO DEL FARAÓN.

¡Muy bien! ¡Eres un genio! Ya tenemos la mitad del trabajo hecho. Ahora respóndeme a esto: ¿por qué tenían esa forma?, ¿cuáles eran las otras tipologías de enterramiento?... Y, si al faraón le tocaba la pirámide, ¿dónde acababan los de la clase obrera?

Si has torcido el morro y pensado: «Porras, no lo sé», no te preocupes. Contaba con explicártelo a lo largo de los siguientes párrafos. Así que ¡vamos al lío!

Como bien has deducido, **las pirámides eran construcciones de tipo funerario pensadas para la clase dirigente, pero la primera pirámide no aparecerá hasta el año 2670 a. C.** Y dado que, para hablar sobre historia del Antiguo Egipto los historiadores solemos usar una clasificación cronológica que empieza en 4500 a. C., con el Periodo Predinástico (es decir, antes de que surgieran los primeros reyes y faraones), eso nos deja con casi dos mil años de prácticas funerarias sin cubrir.

¿Y QUÉ PASÓ EN ESAS ETAPAS? ¿ACASO LA GENTE NO SE MORÍA?

Por supuesto que se morían, pero usaban tumbas muy diferentes de las pirámides.

Durante la **Prehistoria egipcia** surge la **cultura Badariense**, en la que **las tumbas eran simples agujeros en el suelo del desierto**. El cuerpo del difunto se depositaba en posición fetal sobre una esterilla (como si estuviera durmiendo de lado, con las piernas ligeramente dobladas), y a su alrededor se incluían objetos o amuletos que hubieran tenido una especial importancia para el difunto (esto sería su ajuar funerario). Este es el prototipo de tumba que se mantendrá para las clases bajas.

Por su parte, los estratos sociales superiores (formados por aquellos egipcios que ostentaban la riqueza y el poder) procurarán distinguirse de los demás incluso en la muerte. A medida que pase el tiempo, tendrán ajuares más elaborados, cementerios separados y fosas más grandes, revestidas con muros de adobe y con compartimentos para ofrendas. **Alrededor de 3200 a. C. se llegará a replicar la estructura de la casa del fallecido, creando tumbas de hasta 65 metros cuadrados con pequeñas estancias que harían las veces de habitaciones.** ¿Te imaginas ser enterrado en una versión subterránea de tu piso?

GORGO DATO

LOS ANTIGUOS EGIPCIOS CREÍAN QUE LA MUERTE PROVOCABA QUE EL *BA* (LA FUERZA INDIVIDUAL DE LA PERSONA, QUE NOSOTROS PODRÍAMOS ASOCIAR CON LA IDEA DEL ALMA) Y EL *KA* (SU ENERGÍA VITAL) SE SEPARASEN DEL CUERPO. PERO, SI EL CADÁVER SE MANTENÍA EN BUEN ESTADO, ESOS ELEMENTOS ESPIRITUALES PODÍAN PULULAR DE AQUÍ PARA ALLÁ Y ACCEDER A LA OTRA VIDA.

Por eso, además de la momificación (reservada para las clases altas), **era importante que el muerto estuviera cómodo y que disfrutase de todo aquello que había tenido en vida, incluida su casa.** También, quien podía permitírselo, añadía a su tumba suelos de granito, puertas, escaleras, objetos, alimentos, etcétera. Luego lo sellaban todo con un bloque de piedra (para evitar saqueos innecesarios) y lo cubrían con un montículo de arena. **Ese montículo que los historiadores y egiptólogos llamamos «superestructura» o «túmulo arenoso» dará origen, mucho después, a las futuras pirámides.**

ESPERA, ESPERA. ¿ME ESTÁS DICIENDO QUE UN MONTONCITO DE ARENA FUE LA INSPIRACIÓN PARA UNAS PIRÁMIDES DE CASI 150 METROS DE ALTURA? ¿SEGURO QUE ESTÁS BIEN, GORGO?

Por increíble que pueda parecerte: sí. Ese **«montoncito de arena»** tenía una fuerte carga simbólica y religiosa. Verás, la cosmogonía egipcia (vamos, el mito de la creación) describe cómo un dios —este cambia según las versiones, pudiendo ser Atón, Thot o Path— creó el mundo desde una colina primigenia, una pequeña montaña de tierra fértil surgida de entre las aguas. Esa colina se convirtió en una alegoría de lo divino y de la eternidad, así que las clases dirigentes tratarán de replicarla en arquitecturas funerarias monumentales como las mastabas, las pirámides y los hipogeos.

¿LAS «MAS»... QUÉ? ¿Y QUÉ DICES DE HIPOGRIFO?

Las **mastabas** y los **hipogeos**. Vamos por partes: ¿recuerdas que antes hablábamos sobre las fosas que tenían varias estancias, como una casa? Bueno, pues la mastaba es el nivel PRO del Periodo Dinástico Temprano (de 2920 a. C. a 2575 a. C.), justo antes de que llegaran las pirámides.

Como ya llevas un buen rato leyendo este libro y quiero explicarte qué es una mastaba de una manera dinámica y más visual, voy a mandarte directo a la playa (si tienes una cerca, genial, y si no toca tirar de tierra o de imaginación). **¿Ya has llegado? ¡Pues toma asiento y vamos a ello!**

Empieza metiendo el dedo en la arena y haz un hoyo tubular, lo más profundo y estrecho que puedas. El final de ese pozo sería la fosa, donde iría la momia, y el camino hasta la superficie se convertiría en el gran corredor subterráneo. Si quieres, puedes hacer un segundo pozo cerca del primero, que representaría la cámara del ajuar funerario, donde se colocarían las ofrendas. Ahora toca tapar el agujero, pero no vamos a hacerlo con arena (¡sería un desperdicio de trabajo!), sino con palitos que encuentres por la zona. Estos serán las vigas y planchas de madera que conformaban el techo de la tumba. Y ahora viene lo bueno: ve amontonando puñaditos de arena húmeda sobre este techo (con cuidado, ¡no la líes!) y, con mucha delicadeza y amor, dale forma rectangular a la masa. Haz un agujero con el dedo en uno de sus laterales para simular un pasillo (esta sería la cámara con los objetos de menos valor) y, finalmente, decora el

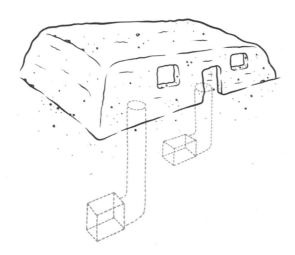

exterior. Hay **mastabas** con ornamentos impresionantes, como la del noble Sekemka-Sedy, que mandó adornar su fachada con trescientas cabezas de toro modeladas en arcilla; ¡pero tú no te mates tanto, que esto es solo un ejercicio!

Salvando la distancia cronológica y el hecho de que las mastabas estaban hechas de adobe (limo fluvial mezclado con paja y secado al sol para fabricar ladrillos), tengo que felicitarte: ¡has creado tu propia mastaba!

VAYA, ¡GRACIAS! ¿Y QUÉ ERA LO OTRO QUE HABÍAS MENCIONADO? ¿HIPOCAMPO?

Hipogeo, corazón, hipogeo.

Los **hipogeos** fueron tumbas excavadas en la roca que se hicieron muy populares en el Reino Nuevo (de 1550 a. C. a 1070 a. C.), cuando las pirámides dejaron de estar de moda. Los egipcios creyeron que serían ideales para evitar que los ladrones metieran mano a los ajuares funerarios de la realeza y los nobles; y, si bien tenemos muchos ejemplos de hipogeos, mis favoritos son los que se sitúan en las faldas de la montaña de El-Qurna (el cuerno) y que albergan tumbas de figuras históricas famosísimas, como Tutankamón o Nefertari. Esta necrópolis tebana suele dividirse en tres partes (el Valle de los Reyes, el Valle de las Reinas y el no tan conocido Valle de los Nobles) y, si buscas fotografías del lugar, comprobarás que su orografía recuerda a una gran pirámide natural. ¿Ves? Otra vez la simbología de la colina primigenia.

Y, ENTRE TANTA MASTABA E HIPOGEO..., ¿CÓMO LECHES LLEGAMOS A LA PIRÁMIDE?

GORGO DATO

VERÁS, LOS ARQUITECTOS DEL REINO ANTIGUO (DE 2575 A. C. A 2134 A. C.) DESARROLLARON LAS PIRÁMIDES SUPERPONIENDO MASTABAS, CUADRADAS Y DE MENOR TAMAÑO, PARA CREAR UNA ESTRUCTURA ESCALONADA DE VARIOS PISOS. ¡CASI COMO UNA TARTA DE BODAS!

Uno de los mejores ejemplos de este proceso es la pirámide escalonada de Djoser, construida hacia 2630 a. C. en Saqqara, cerca de Menfis. Djoser fue el primer gobernante de la III Dinastía (de 2649 a. C. a 2575 a. C.). y encargó a su erudito Imhotep (que no era un señor maldito por mucho que lo diga la película de *La momia*) que diseñara un pedazo de complejo funerario, incluyendo esta pirámide de piedra de seis pisos. Por cierto, hasta entonces solo se había utilizado el adobe, así que imagínate la complicación añadida.

Tras el «experimento» inicial con Djoser, la construcción de las pirámides fue mejorando y para la IV Dinastía (de 2575 a. C. a 2465 a. C.) los arquitectos ya habían logrado una enorme perfección estructural, como podemos comprobar por las famosas pirámides de la necrópolis de Guiza.

¿Y DE VERDAD QUE PARA CONSTRUIR TODO ESTO NO SE EMPLEARON ESCLAVOS?

No, nada de esclavos, te lo juro por Osiris y por Apis.

No es que en el Antiguo Egipto no existieran los esclavos; existían, y sus denominaciones son un auténtico quebradero de cabeza, porque **el concepto de esclavitud egipcio era muy diferente del que tenemos en Europa.** A grandes rasgos, tenemos al **bak**, que era un subordinado (algo así como un sirviente); al **hem**, que solía depender de un tercero para subsistir (podemos entenderlos como personas que renunciaban a una pequeña parte de sus libertades a cambio de que su jefe se hiciera cargo de alimentarlos y pagar sus deudas), y a los **skr-'nh** (si quieres intentar pronunciarlo en voz alta, vendría a ser algo así como *sekr-anekh*), que eran los prisioneros de guerra. De estos tres grupos, podríamos decir que el tercero es el más cercano a nuestra idea de la esclavitud, porque, a diferencia de los otros dos, estos sí eran obligados a la servidumbre. Ahora bien, **los esclavos egipcios no carecían de derechos: podían llevar a juicio a su señor si consideraban que este los trataba mal, pedir un cambio de «patrón» o incluso heredar posesiones.**

GORGO DATO

POR OTRO LADO, LOS ESCLAVOS SE DEDICABAN A LAS TAREAS DOMÉSTICAS Y A AYUDAR EN LOS CAMPOS DE LABRANZA, PERO NO PARTICIPABAN EN LAS CONSTRUCCIONES FUNERARIAS. ESO ERA COSA DE LOS OBREROS, QUE ERAN REMUNERADOS Y ESTABAN MUY BIEN CONSIDERADOS SOCIALMENTE.

Tenemos a dos tipos de obreros que vamos a llamar **fijos** y **eventuales** por circunstancias de la producción. Los **obreros con contrato fijo** eran personas cualificadas, como artesanos, ingenieros, pintores y talladores, que el faraón instalaba en poblados cercanos a la pirámide para que pudieran trabajar en su construcción sin el tedio de viajar cada día de casa a la obra. Los restos hallados en estas aldeas de trabajadores demuestran **que no solo percibían un alto salario en especie, sino que comían carne a diario** (un gasto que, normalmente, solo podía permitirse la nobleza). Además, tenían **atención médica gratuita y de calidad.**

Por otro lado, tenemos a **los eventuales** por circunstancias de la producción, que serían obreros no cualificados destinados a trabajos más pesados, como izar y arrastrar los bloques de piedra caliza (que pesaban una tonelada, ¡y no exagero!), conducirlos por rampas de madera lubricadas con agua o aceite para que se deslizasen mejor y colocarlos en su justo lugar de la pirámide. Y, aunque también **recibían una remuneración en especie y eran atendidos por sanadores**, hay una interesante diferencia con respecto al primer grupo: los eventuales **eran reclutados mediante azofra o servicio forzado.**

Te explico esto porque suele inducir a error: en el Antiguo Egipto, todos los habitantes estaban obligados a trabajar para el monarca una vez al año. Pero…, ¡atención!, por pesado que fuera unirse a una cuadrilla de construcción cuando podrían haber estado tan ricamente en sus casas, **la azofra no puede entenderse como esclavitud, sino como un servicio al Estado**. Ya sé que a bote pronto te parecerá raro, pero nosotros también tenemos prácticas parecidas. ¿Que no? ¿Y qué me dices de cuando nos toca formar parte de un jurado popular o de una mesa electoral? Pues esto es lo mismo. ¿Era un coñazo? Sí. Pero era parte de su responsabilidad como egipcios y recibían una retribución por su labor.

Y, por favor, quítate de la cabeza la imagen hollywoodiense de trabajadores extenuados recibiendo latigazos. **Los obreros podían tener dolores** lumbares y algún que otro hueso roto si se producían accidentes, pero nadie los maltrataba. Es más, había **bajas por enfermedad, días de asuntos propios** (los registros de Deir el-Medina mencionan a un trabajador que tuvo tres días libres por el nacimiento de su hijo) e incluso **se ponían en huelga**. En una ocasión, los obreros de Deir el-Medina le montaron un piquete a Ramsés III porque se estaba retrasando con el pago de su salario, y al faraón no le quedó más remedio que agachar la cabeza y darles cincuenta panes como compensación para que siguieran trabajando.

Capítulo 3:

PECHOS CERCENADOS Y SEÑORAS LUCHADORAS

En los dos capítulos anteriores, hemos visto lo que hacen la desinformación y la mala interpretación de los hechos, ¿verdad? Pues, en el caso de las amazonas y la supuesta amputación mamaria, veremos un pequeño combo de intereses sociales, tergiversación y mucho morro por parte de los cronistas grecolatinos.

¡FRENA, GORGO! LAS AMAZONAS ERAN FIGURAS MITOLÓGICAS. NO PRETENDERÁS CONVENCERME DE QUE EN SU LEYENDA HAY UN BULO HISTÓRICO...

A ver, vayamos por partes.

Para empezar, ¿sabrías decirme qué es un mito y cómo se origina?

...

¿No?

Bueno, pues **los mitos son recursos explicativos. Eso significa que se crean para justificar la relación del ser humano con su entorno.** Por ejemplo: los griegos explicarán los cambios de estación mediante el rapto de Perséfone (hija de Deméter), que en el mito acaba pasando la mitad del año con su madre (primavera y verano) y la otra mitad con su raptor, Hades (otoño e invierno). Esta línea argumental en la que las acciones de un ser sobrenatural tienen consecuencias para la humanidad se repetirá constantemente: Pandora liberando los males del mundo, Prometeo robando el fuego para entregárselo a los hombres, Helena provocando la guerra de Troya... Pero, en algunos casos, **la mitografía griega combina historias reales con factores legendarios**. Es muy parecido a lo que hacen los escritores cuando se inspiran en un evento real para crear sus tramas: por ponerte un ejemplo, *El Señor de los Anillos* está muy influenciado por la Revolución Industrial y la Primera Guerra Mundial.

GORGO DATO

EN EL RELATO GRIEGO, LAS AMAZONAS SON LAS ANTAGONISTAS PERFECTAS, PORQUE CONTRADICEN EL MODELO DE SOCIEDAD DE LA ANTIGUA GRECIA:
1. SON UNA TRIBU FORMADA ÍNTEGRAMENTE POR MUJERES, ASÍ QUE NO RECONOCEN EL GOBIERNO MASCULINO.
2. PRIORIZAN LA ACTIVIDAD BÉLICA SOBRE LA CRIANZA Y LAS LABORES DE LA CASA.
3. Y HABITAN AL ESTE DEL TERRITORIO HELENO.
ES DECIR, QUE SON AUTÓNOMAS, ACTIVAS EN SUS DECISIONES Y EXTRANJERAS. ¡EL COLMO DE LOS COLMOS PARA UN GRIEGO!

Tienes que pensar que, a grandes rasgos, **en la Antigua Grecia (y en la Antigua Roma también), las mujeres eran relegadas a un segundo plano**. Su día a día se centraba en educarse para casarse, casarse para reproducirse, reproducirse para criar a los hijos y criar a los hijos para que el marido tuviera un heredero. Y, entre medias, no podía olvidarse de cuidar del hogar (el *oikos*).

PERO... ¿ESTO ERA ASÍ EN TODOS LOS TERRITORIOS DE LA ANTIGUA GRECIA?

Algunas polis o ciudades-Estado (así llamamos a las ciudades griegas, que actuaban como estados independientes) eran más restrictivas que otras, pero, en general, la situación no variaba demasiado.

En la Atenas clásica, por ejemplo, las mujeres carecían de ciudadanía y estatutos jurídicos. Pues, a ojos de la ley, eran tratadas como un sujeto dependiente (vamos, como un menor de edad para nosotros). De hecho, **tenían un tutor legal (*kyrios*) durante toda la vida.** Antes de casarse, solía ser su padre, su hermano o su tío, tras el matrimonio —con catorce años— la tutorización quedaba en manos del esposo y, si enviudaba, se transfería al hijo. ¿Te imaginas a un chaval de quince años teniendo poder legal sobre la vida de su madre de treinta y tantos? En Atenas era el pan nuestro de cada día.

Y hazme un favor: si te rondan la cabeza pensamientos del tipo «al menos eran dueñas de la casa y tendrían cosas bonitas», date un tirón de orejas de mi parte. Como sujeto dependiente, **las mujeres griegas no tenían derecho a posesiones**. La casa y todo cuanto en ella había pertenecían legalmente a su marido (incluso la ropa). Y no, ni siquiera se les permitía tener dinero propio para un capricho o echar mano de su dote matrimonial en caso de necesidad personal.

Por supuesto hubo polis un poquito menos asfixiantes, como Esparta y Gortina, donde las mujeres gozaban de ciertas libertades (como entrenarse y hacer deporte) y no eran tan dependientes del varón.

¡AH! ENTONCES DE AHÍ SURGE LA INVENCIÓN DE LAS AMAZONAS, ¿NO?

¡No, no, no! Aunque antes te he dicho que el mito griego estaba inspirado por una realidad histórica, no me refería a las espartanas y gortinas, sino a las **guerreras escitas**.

Guerreras escitas, gentilicio de Escitia; una región que —según los griegos— ocupaba 6.500 kilómetros desde Tracia hasta Asia central.

Los **escitas** fueron un **pueblo nómada euroasiático** dividido en confederaciones y con puntos de referencia en los actuales Kazajistán, el norte del Cáucaso, el sur de Rusia y Ucrania. Su principal fuente de recursos era el pastoreo extensivo, así que sus migraciones periódicas buscando pastos verdes solían terminar en conflicto bélico con las comunidades sedentarias (que no estaban muy dispuestas a compartir sus prados).

Obviamente, los escitas no eran un pueblo íntegramente femenino, pero a los griegos les llamó la atención que estas confederaciones de tribus no hicieran distinciones sociales ni funcionales entre sexos.

GORGO DATO

EN LAS TRIBUS ESCITAS, TODOS (HOMBRES Y MUJERES) PARTICIPABAN POR IGUAL EN EL ÁMBITO MILITAR, PRODUCTOR Y RELIGIOSO. Y, COMO NO EXISTÍAN LAS FUNCIONES ASOCIADAS AL SEXO, TAMPOCO HABÍA ROLES DE GÉNERO QUE LIMITARAN LA POSICIÓN SOCIAL DE SUS MIEMBROS. TODOS SE VESTÍAN IGUAL, Y TODOS COMENZABAN SU APRENDIZAJE Y ENTRENAMIENTO A LOS CINCO AÑOS.

Mira, ya que estamos, te voy a presentar a Tashtia y a su hermano Pazyrk, dos jóvenes escitas de veintidós y veintitrés años que van a ayudarme con el resto de estos datos.

Pazyrk tiene buena puntería con la honda, pero se le da mejor (y disfruta más) preparar hípace, un queso de yegua que vende a buen precio cuando la caravana pasa cerca de los mercados de Gorguipia. Tashtia, sin embargo, no tiene mano para la cocina, pero destaca en la estrategia militar y en el manejo de las hachas (en especial con la *sagaris*), la lanza y el arco. Cuando hay una amenaza contra la tribu, ambos luchan, pero es Tashtia quien dirige a los guerreros.

Los dos están perfectamente felices con la situación y no se les ocurriría intercambiar sus funciones por nada del mundo (¿para qué? A Tashtia le saldría un queso agrio y el liderazgo militar de Pazyrk costaría la muerte del grupo). Pero, cuando el comerciante griego Demetrio llega a Táurida en el siglo VIII a. C. (península de Crimea) y conoce su historia, se lleva las manos a la cabeza, horrorizado. Como no entiende que una mujer pueda dirigir al ejército mientras un hombretón de casi dos metros hace quesos, empieza a decir que los escitas son **gynaecocratumenoe** (o, lo que es lo mismo, hombres gobernados por mujeres).

«¡Las sociedades civilizadas solo pueden ser lideradas por hombres! —dirá Demetrio, fuera de sí—. ¡Sois bárbaros!».

Todo griego que se traslade a las colonias del mar Negro y entre en contacto con gentes de la cordillera del Cáucaso, el mar Caspio y Asia central imitará la reacción de Demetrio al saber que los grupos étnicos de Eurasia no hacen distinciones entre sexos. De hecho, **a partir de este momento, se re-**

ferirán al territorio escita como «*eremia*»; es decir, «lugar arrasado o desértico» donde nada puede crecer: ni el cultivo ni la civilización.

MIRA, GORGO, LO SIENTO, PERO NO ME CREO QUE HUBIERA MUJERES GUERRERAS EN ESA ÉPOCA...

Vale, entonces hablemos de **evidencias arqueológicas**, ¿te parece?

Entre el oeste del mar Negro y el norte de China tenemos alrededor de **trescientas tumbas de mujeres guerreras**, acompañadas por ajuares funerarios repletitos de armas. Ciento doce están en la región entre los ríos Don y Danubio, cuarenta entre el Don y el mar Caspio, y ciento treinta al sur de Ucrania.

Estos yacimientos demuestran un desgaste óseo en las piernas compatible con la vida como jinetes, así como fracturas y heridas propias de alguien que ha participado en la lucha: flechas incrustadas en huesos, fracturas de boxeador (esta es una rotura del metacarpiano del dedo meñique, muy típica cuando te lías a puñetazos), traumatismos, perforaciones y laceraciones.

Para no extendernos demasiado explicando las peculiaridades de cada una de estas tumbas, veamos el caso de mis favoritas, que datan del siglo IV a. C.

Una de ellas se encuentra a orillas del **Tyasmyn** (Ucrania). Su propietaria es una guerrera escita de unos veinte años que fue enterrada con dos moharras de hierro, cuarenta y siete flechas de punta trilobulada **(si eso se te clava, hace una auténtica escabechina, ¡ya te lo digo!)**, dos cuchillos de hierro, una piedra de afilar, piedras para una honda y, lo más interesante, un espejo de bronce. A lo mejor piensas: **«¿Un espejo entre tanta arma? ¿Para qué? ¿Para arreglarse antes de la batalla?».** ¡Pues no! Este tipo de espejos eran utilizados para enviar señales luminosas al resto de los soldados desde la distancia. Empleando el reflejo del sol y un código pautado, el espejo se convertía en el WhatsApp de la Antigüedad.

Por otro lado, tenemos la tumba de **Akkerman** (sur de Ucrania) que no solo nos ofrece información sobre la importancia de la guerrera que la ocupa, sino que nos da claras pistas sobre cómo murió. **Tenemos una punta de flecha alojada en la rodilla y un cráneo lleno de traumatismos y hendiduras provocadas por un hacha de guerra.** Esto nos hace pensar que primero habrían tratado de derribarla en la distancia y, finalmente, se habría producido la lucha cuerpo a cuerpo, con un fatídico desenlace. Su ajuar funerario está a rebosar de flechas, lanzas, otro espejo para señales luminosas y un cinturón de batalla. Además, en este caso, tenemos una serie de objetos catalogados como ofrendas mortuorias, que podrían haber sido realizadas por sus congéneres para honrar sus hazañas: brazaletes de bronce y plata, perlas, un collar de cuentas de vidrio, vasijas con alimentos... ¿Quién sabe? Quizá nuestra Tashtia podría haber sido esta

mujer cuyas habilidades, adiestradas desde la niñez, le habrían otorgado un alto estatus entre su gente.

¡Vamos por partes! Empecemos por lo más complicado:

«Amazona» no es un término griego, sino helenizado. En el año 490 a. C., el cronista Helánico de Lesbos intentó buscarle un sentido etimológico partiendo de similitudes con partículas griegas. Argumentó que la palabra «amazona» estaba formada por el prefijo *a-* («sin») y el sufijo *-mastos* («pecho»), y que por tanto era una forma declinada, *«a-mazos»*, que significaría «sin pecho». Y, como tenía que justificar este significado, **inició la leyenda de que las amazonas se sometían a la mutilación mamaria para que el seno no les entorpeciera en el tiro con arco.**

Todo falso, por supuesto, porque hoy en día sabemos con certeza que **la palabra «amazona» es una adaptación proveniente de un idioma euroasiático.** Y aquí se abre un amplio y maravilloso abanico de posibilidades:

1. PODRÍA PROVENIR DEL IRANIO ANTIGUO «HA-MAZON», QUE SIGNIFICA «LOS GUERREROS».
2. TAMPOCO SERÍA DESCABELLADO QUE SURGIERA DE LA PALABRA PERSA «HAMAZAKARAN», QUE SIGNIFICA «HACER LA GUERRA».

Los griegos adaptaron la fonética euroasiática al griego Αμαζόνες (es decir, «amazones»), que en español se tradujo como «amazonas». Ahora bien, ¿por qué no se refirieron a ellas directamente como Σκύθης («escitas»)? Pues porque «amazones» era una designación etnográfica. Recuerda que **un país es un territorio delimitado que incluye al conjunto de sus habitantes, pero una etnia es una comunidad cuyos miembros muestran afinidades socioculturales y lingüísticas.**

Escitia era una región enorme, habitada por muchos grupos nómadas y seminómadas con características comunes, como el modo de vida guerrero y la relevancia de los caballos en el día a día de la tribu. Pero **cada grupo escita pertenecía a una etnia diferente.** Las primeras alusiones a los amazones serían, por tanto, el intento de acotar los parámetros de un grupo etnográfico concreto.

El problema es que, **al helenizar el término, los griegos se apropiaron de él, transformando su significado e historia.** Usarán la característica más llamativa de la tribu (la participación de las mujeres en la lucha) para crear un constructo mítico: así nacerá la ginecocracia (sociedad formada y gobernada exclusivamente por mujeres) de las legendarias amazonas, un grupo barbárico y sanguinario, cuyos miembros se enfrentarán a héroes de la talla de Aquiles, asesinarán a niños inocentes o se cortarán un pecho para mejorar sus habilidades militares.

Como ves, la imagen creada por el mito griego no tiene nada que ver con la realidad histórica.

Capítulo 4:

300 HOMBRES Y UN DESTINO

A los seres humanos nos gustan los adornos. Nos gusta decorar la casa, el coche, la ropa... **¡Incluso la Historia!** Porque, seamos sinceros, los pequeños detalles son los que hacen la diferencia.

Si yo te cuento que, en 1325, Bolonia y Módena se liaron a leches en la batalla de Zappolino, seguramente pensarás: «Bah, una bronca más». Pero, si te digo que el germen de la contienda fue el robo del cubo de un pozo, la cosa cambia, ¿a que sí? El detalle ha captado tu atención y la curiosidad empieza a hacer de las suyas. Ahora sí quieres enterarte de lo ocurrido, porque el adorno (el detallito del cubo) ha convertido este relato en algo fuera de lo común.

Pues **algunos bulos históricos son** precisamente eso. No son simples mentiras o versiones personales de un hecho, sino **una amalgama de adornos destacados y comentarios omitidos**. Y ese es el caso de los 300 espartanos que acudieron a combatir contra Jerjes en las Segundas Guerras Médicas.

PERO... ¿QUÉ LECHES SON LAS GUERRAS MÉDICAS, QUIÉN ES JERJES Y POR QUÉ LE HICIERON FRENTE?

Vale, vamos punto por punto.

En el siglo V a. C., los griegos (que se organizaban en ciudades-Estado o polis) y los persas (como Imperio aqueménida) se enzarzaron en lo que conocemos como **Guerras Médicas**. Que no se llamaron así porque hubiera muchos doctores participando en ellas, sino porque los griegos se referían a los persas como «medos» (habitantes de Media).

¿Y cuál era el motivo de estos enfrentamientos? Pues la expansión persa. Y, antes de continuar, quiero que tengas algo muy claro: por norma general, **todos los imperios buscan la expansión territorial y, por tanto, la colonización.** Piénsalo desde su perspectiva: ampliar el territorio supone mayor riqueza porque exiges tributo a las ciudades colonizadas (que puede ser, por ejemplo, en forma de ganado o de soldados), obtienes control sobre las rutas marítimas y comerciales (**¡Uy! ¡Y el mar Egeo es una zona golosona, eh! ¡De ahí se sacaron muchos impuestos!**) y sobre los recursos naturales (hombre, ya solo con la riqueza mineral del macizo de Laurión, el Imperio aqueménida podría haberse convertido en el más próspero de la Historia). Y, para conseguir todo eso, solo tienes que guerrear un poquito y enviar a dirigentes de tu confianza para que gestionen el territorio y eviten sublevaciones. A su entender, los beneficios económicos merecían el esfuerzo.

Obviamente, en el contexto de esta colonización, hubo polis griegas que opusieron resistencia a la conquista (**aunque no todas, ¡eh! Hubo algunas que se sometieron voluntariamente**). Esto derivó en una serie de enfrentamientos y revueltas que conducirían a la declaración de la Primera Guerra Médica (de 492 a. C. a 490 a. C.), acaecida bajo el mandato de Darío I el Grande. La intención inicial de Darío era castigar a Atenas y Eretria por apoyar a las colonias jónicas en su rebelión fallida, pero le salió rana y la guerra acabó siendo un desastre para él.

Y por eso surge la Segunda Guerra Médica (de 480 a. C. a 478 a. C.) bajo el gobierno de Jerjes I, el hijo de Darío. **Oye, hay quien deja un coche o un sofá en herencia, y luego está Darío, que te deja guerras pendientes.** Y Jerjes lo planeó todo a conciencia. ¡Seis añitos estuvo el muchacho preparando la ofensiva! Y, a diferencia de su padre, Jerjes decidió dirigir al ejército en persona, conformado (según Heródoto) por 200.000 hombres y 1.000 barcos. **Casi nada, sin presión, oye.**

El caso es que los griegos de las polis libres deciden hacer piña y crear una Liga de Ciudades Extraordinarias (**¡Es broma! Realmente fueron una Liga Panhelénica, pero ¿a que habría molado el nombre?**), para luchar juntas contra Jerjes. Los atenienses dirigirán el bloqueo marítimo desde Eubea, mientras los espartanos harán lo propio con las vías de acceso terrestre.

La misión no era precisamente sencilla porque Jerjes, además de la fuerza militar, tenía consigo a dos traidores griegos que lo aconsejaban sobre la mejor estrategia militar a seguir. Para no extenderme demasiado, te diré que estos fueron Demarato (**un exrey espartano que había sido depuesto en tiempos de la Primera Guerra Médica**) y Efialtes (**un soldado que, temiéndose la derrota, prefirió cambiar de bando**).

Y, por si todo esto no complicase bastante la situación, se decía que **el oráculo de Delfos** (una eminencia en cuestiones de soltar predicciones lúgubres) había anunciado la muerte del rey espartano que acompañase al ejército. Vamos a leer su predicción con una voz grave, así como de ultratumba: «La tierra de Lacedemonia llorará la muerte de un rey de la estirpe de Heracles. **¡Uuuuuuh!**». **Bueno, vale, el «uuuh» me lo he inventado; pero es que, con semejante profecía, uno ya va desmoralizado a la batalla.**

El caso es que Lacedominia (que es el nombre correcto para hablar del territorio espartano) tenía dos reyes: uno de la dinastía de los Euripóntidas y otro de la dinastía de los Agiadas, y ambos decían provenir de Heracles, a quien seguramente tú conoces como Hércules (**«¿Quién es el as** de gladiadores? HÉR-CU-LES». Venga, ya paro). Estaba estipulado que a la guerra solo podía acudir uno, porque el otro tenía que quedarse en casita dirigiendo el cotarro. En aquel momento, los entronizados eran Leónidas I y Leotíquidas II, y, como el nombre del primero seguro que te suena y el del segundo es la primera vez que lo oyes, ya sabrás quién fue el encargado de comerse el marrón de ir a luchar.

En agosto del año 480 a. C., un contingente militar a pie dirigido por Leónidas bloqueó el paso de las Termópilas. Aguantaron casi tres días y causaron numerosas bajas al enemigo, pero al final el oráculo se cumplió: **los espartanos cayeron y Leónidas quedó sin cabeza.** Eso sí, su sacrificio permitió que la flota ateniense se pusiera a salvo en el Ática, y que en septiembre se enfrentaran a los barcos persas en la bahía de Salamina, donde lograron la primera victoria griega. En el 479 a. C., Jerjes volverá a perder (en Platea y en Mícala) marcando su derrota definitiva, y el final de la invasión un año después (478 a. C.) con la destrucción del puente flotante en el Helesponto.

BUENO, PERO ¿FUERON O NO FUERON 300 ESPARTANOS?

Por haber, tengo que decir que sí había 300 espartanos (en concreto, 301 si contamos a Leónidas), que conformaban el grupo de los *hippeis*. Y no, aunque sé que es tentador imaginarse a Gerard Butler vestido a la moda de los años sesenta y proclamando el *peace and love*, no tienen nada que ver con los hippies. Los *hippeis* eran 300 soldados de élite del ejército lacedemonio, que habían sido entrenados para luchar junto al rey.

PEACE AND LOVE

GORGO DATO

AHORA BIEN, ESTOS 301 CABALLEROS NO ESTABAN SOLOS EN LA BATALLA DE LAS TERMÓPILAS. SEGÚN LA FUENTE QUE CONSULTES, VERÁS QUE HABÍA ALREDEDOR DE 7.000 O INCLUSO 11.000 GUERREROS ACOMPAÑÁNDOLOS. EL RECUENTO CAMBIA CON CADA CRONISTA, PERO MÁS O MENOS SERÍA ALGO ASÍ: 301 ESPARTANOS DE PLENO DERECHO, 900 ILOTAS Y/O PERIECOS (QUÉDATE CON ESTOS DOS NOMBRES, PORQUE LUEGO TE CONTARÉ ALGO CON LO QUE VAS A FLIPAR), 700 TESPIOS, 400 TEBANOS, 400 CORINTIOS, 1.000 FOCIOS, 200 HOMBRES DE FLIUNTE, 80 SOLDADOS DE MICENAS, 1.000 LOCRIOS Y ALREDEDOR DE 2.100 ARCADIOS.

Eh, pero ¡ojo! Nada de minimizar la hazaña de esta gente. Que siguen siendo un número muy reducido para hacer frente a los 200.000 soldados del ejército persa.

¡UN MOMENTO, DOÑA GORGO! Y ENTONCES ¿POR QUÉ NARICES SE HABLA SOLO DE LOS 300 ESPARTANOS?

Pues hay varios motivos. El más importante es que, como te decía al principio de este capítulo, **destacando este detalle (este adorno) el relato de la batalla queda más grandilocuente y espectacular**. Capta tu atención y te hace alucinar con la historia.

Por otro lado, está el hecho de que los espartanos eran los únicos que recibían entrenamiento militar desde la infancia. ¿Recuerdas esa escena en la película *300* cuando Leónidas pregunta a los miembros del ejército por su profesión? Algunos dicen que son herreros o agricultores, pero cuando les toca responder a los espartanos todos gritan: «¡Soldados!». Pues es la forma (un tanto exagerada) de hacer ver que nadie estaba tan preparado como ellos en las destrezas bélicas.

De hecho, según Heródoto, los espartanos se situaron en la zona más dura de la ofensiva y el último día de la contienda, sabiendo que iban a perder, se ofrecieron a cubrir la retaguardia de aquellos que quisieran huir. Y, ojo, aquí hago dos incisos: el primero es que **los espartanos fueron entrenados para no abandonar la lucha NUN-CA**. Se consideraba una vergüenza que huyeran para salvar la vida en lugar de morir protegiendo a sus compañeros (de ahí la famosa frase que, según se cuenta, decían las madres y esposas a sus hijos y maridos: «Vuelve con tu escudo o sobre él»; es decir, o vuelves victorioso o palmas en el intento). Y el segundo inciso es que **no todos los griegos se marcharon**. Los tespios, por ejemplo, se quedaron para guardar la línea de defensa en una misión claramente suicida, pero la Historia solo se acuerda de ellos en un par de epitafios y elogios fúnebres.

Por último, hay una razón bastante chunga para que no se contabilice a los ilotas y periecos. Mira, a grandes rasgos, **la sociedad espartana se dividía en los hombres y mujeres que tenían plenos derechos** (llamados *homoioi*) **y los siervos, que podían ser ilotas** (literalmente significa «capturados») **o periecos**.

Los **ilotas** (habitantes del sur de Laconia, que había sido colonizada por los espartanos) se parecen bastante a los siervos de la gleba: además de ser parte de los *klaroi* (lotes de tierra), les tocaba trabajar para su «señor» o «señora» sin opción a réplica. ¿Y cómo se libraba uno de semejante destino de sumisión? Pues uniéndose al ejército. Tras batallar con todo el ímpetu posible y —si había suerte— sobrevivir, el ilota era recompensado recuperando la libertad y pasaba a denominarse *neodamodes*.

Los **periecos**, por su parte, eran los habitantes de las zonas que conformaban la periferia del territorio lacedemonio (por ejemplo, Mesenia o Arcadia), y que habían conservado su libertad. ¿Seguían sometidos a la autoridad de Esparta? ¡Claro! Pero, salvo por la obligación de acudir a la lucha si eran reclamados y el pago de tributos, hay que decir que vivían bastante mejor que los ilotas.

Ahora bien, como los periecos y los ilotas no tenían los derechos de un *homoioi*, no eran considerados personas, así que la mayoría de los cronistas no los contabilizó como efectivos militares. ¿Ves? Te dije que ibas a flipar.

GORGO, AÚN ME QUEDA UNA DUDA. SI LOS ESPARTANOS ERAN GUERREROS Y ENTRENABAN DESDE MUY JÓVENES..., ¿POR QUÉ LECHES MANDARON SOLAMENTE A LOS 300 *HIPPEIS* A LUCHAR?

En una palabra: **religión.**

Tienes que entender una cosa: durante la Antigua Grecia **(al igual que ocurrirá en la Edad Media y la Edad Moderna)** no se peleaba cuando había fiestas religiosas. Incluso los espartanos, con su clara avocación por la lidia, paraban todo cuando se trataba de honrar a sus dioses. Y, aunque en su calendario había bastantes fechas señaladas, unas de las más importantes fueron las **Carneas**. Estas celebraciones, dedicadas al dios Apolo, se celebraban entre agosto y septiembre, y estaba prohibido que el ejército abandonase Esparta durante esas fechas. **Vaya, ¡qué desgracia que Jerjes decidiera atacar precisamente en este momento, oye!**

Pero ya se sabe que el que hace la ley hace la trampa. Según las fuentes griegas, no podían sacar al ejército a pasear, pero nada impedía que uno de sus reyes se diera una vuelta por las Termópilas, como quien no quiere la cosa, con sus 300 *hippeis*. Ahora ya sabes por qué las fuerzas lacedemonias fueron tan reducidas.

Capítulo 5

¡ESTE CABALLO NO ES MI CÓNSUL!

¿Alguna vez te has pasado de la raya? Transgredir los límites ajenos, excederse y faltar al respeto parece un mal endémico de nuestra sociedad, pero, por desgracia, es un hábito bastante antiguo.

Si alguna vez lo haces, mi consejo es que **recules**. Seamos sinceros: no vas a lograr nada positivo ni enriquecedor generando una situación incómoda o dañando a otra persona con tus comentarios. Procura evitar excusas del tipo: «No te lo tomes así, que solo era una broma» o «¡Qué sensible eres, no se te puede decir nada!», y recuerda que, en esta vida, lo más sencillo suele ser lo más eficaz: discúlpate y aprende de tu error para que no se repita.

Eso sí, ten en cuenta que la persona a la que has herido podría no perdonarte (está en su derecho y no debes enfadarte por eso) y que, a lo mejor, te considera un idiota durante algún tiempo.

Las fuentes nos presentan a **Calígula** (que en realidad se llamaba Cayo Julio César Germánico, y añadiría el «Augusto» al convertirse en emperador) como un **líder extravagante y consumido por el poder**, pero lo más probable es que **esta imagen fuera el resultado de haberse pasado de la raya** y, en consecuencia, de ser considerado un idiota de campeonato.

GORGO DATO

CALÍGULA NI SE DISCULPABA NI APRENDÍA DE SUS ERRORES, Y ESO NOS DEJA A LOS HISTORIADORES CON UN VERDADERO PROBLEMÓN CUANDO TENEMOS QUE ANA-

LIZAR SU VIDA. AL MARGEN DE LOS RUMORES Y LOS BULOS, ESTAMOS HABLANDO DE UNA PERSONA MUY COMPLEJA Y CON UN CARÁCTER ALGO AMBIGUO. ASÍ QUE, A FALTA DE PODER TOMARNOS UN CAFÉ CON ÉL PARA CONOCER SU HISTORIA DE PRIMERA MANO, SOLO NOS QUEDA HACER UN ENORME EJERCICIO DE EMPATÍA Y DE REVISIÓN HISTORIOGRÁFICA.

Es por eso que, cuando me preguntáis si Calígula era bueno o malo, siempre respondo lo mismo: **no podemos etiquetar a las personas con un binomio excluyente. Nadie es completamente bueno ni completamente malo,** por mucho que pueda parecérnoslo. Si aceptamos que Calígula fue un villano, tenemos que entender que sus traumas vitales forjaron su carácter. Si, por el contrario, apoyamos la teoría de que era una víctima de las circunstancias, nos tocará reconocer que tenía una pésima gestión emocional y una enorme falta de madurez, y que ambas lo llevaron a creer que tenía el derecho de fastidiar constantemente a los demás (especialmente, al Senado).

¿POR QUÉ CALÍGULA SE LLEVABA MAL CON EL SENADO?

Dion Casio nos dice que Calígula tuvo mala impresión del Senado desde el principio, cuando su antecesor (Tiberio) le aconsejó que no mostrara afecto ni compasión por ninguno de sus miembros, porque todos lo odiarían, rezarían por su muerte y lo asesinarían a la primera de cambio. Menudo derroche de positividad así de primeras, oye...

Y, por parte del Senado, la situación tampoco era mucho mejor. Estos hombres habían saboreado el poder y dirigido el funcionamiento interno de Roma durante la República, pero, **con la llegada del imperio (27 a. C.), el emperador concentraba tal cantidad de poder autocrático que el influjo**

del Senado acabó disminuyendo. Y, claro, que apenas existiera posibilidad de oponerse a los deseos del soberano no gustaba a algunos senadores.

Calígula fue el tercer emperador romano de la dinastía Julio-Claudia, iniciada por Cayo Julio César Augusto (a quien también conocerás como Octavio, el enemigo acérrimo de Cleopatra y Marco Antonio), y tanto Augusto como Tiberio (el segundo emperador de la dinastía) habían logrado mantener el equilibrio de poder a base de clientelismo (vamos, intercambio extraoficial de favores) y de generar la falsa sensación de que trabajaban junto con el Senado en armonía y buen rollo. Pero Calígula no estaba dispuesto a fingir ni a tomar el camino de sus predecesores; prefería hacer las cosas a las bravas y dejar claro que él era el mandamás.

GORGO DATO

DE LOS CUATRO AÑOS QUE DURÓ SU REGENCIA (DEL 16 DE MARZO DEL 37 D. C. AL 24 DE ENERO DEL 41 D. C.), CALÍGULA SE PASÓ LA MITAD EN UN «TOMA Y DACA» CONSTANTE CON EL SENADO. ¿QUE EL EMPERADOR DESTITUÍA A CÓNSULES PARA SUSTITUIRLOS POR PERSONAS DE SU CONFIANZA? PUES EL SENADO NOMBRABA PROCÓNSULES (GOBERNADORES DE ALGUNAS PROVINCIAS ROMANAS) A ENEMIGOS DECLARADOS DE CALÍGULA. ¿QUE CALÍGULA LES ARREBATABA LA PARTICIPACIÓN EN LAS PROCESIONES TRIUNFALES? PUES SE URDÍAN PEQUEÑAS TRAICIONES O INCLUSO COMPLOTS PARA MATARLO. ¡FALTARÍA MÁS! A VER SI TE PIENSAS QUE EN LA POLÍTICA ROMANA SE ANDABAN CON MEDIAS TINTAS...

¿Y EL PUEBLO QUERÍA A CALÍGULA?

Durante los primeros meses de su mandato, e incluso antes, **el pueblo A-DO-RA-BA a Calígula**.

Como hijo del general Germánico (quien, a su vez, era hijo adoptivo y heredero del emperador Tiberio), Calígula acompañó a su padre en las campañas militares desde muy pequeño. Es más, **¿nunca te has preguntado de dónde viene el apodo de «Calígula»? Se lo pusieron los soldados como un apelativo cariñoso.** Algunos autores romanos se burlaban de este hecho y llegaron a definirlo como **«la mascota de las tropas»**, pero en realidad había un genuino sentimiento de afecto por el chiquillo.

Tiene todo el sentido, ¿no? Imagínate a un pequeñajo de dos años que se pasea por el campamento de Oppidum Ubiorum (la actual Colonia) con el traje de legionario y unas cáligas militares chiquitinas (el calzado típico) haciendo reír a los soldados con sus juegos y ocurrencias. Entre tanta desolación y lucha, Calígula (que podríamos traducir como **«Botitas»**) se convertiría en un respiro y un brote de alegría, así que no es extraño que las tropas lo mimaran y quisieran tanto.

MOLAN MOGOLLÓN

Tras la muerte de Germánico en el 19 d. C., el pueblo supuso que Calígula **o sus hermanos mayores, Nerón y Druso**, se convertirían en herederos del emperador. Pero, según Filón de Alejandría, Tiberio no estaba por la labor. El emperador inclinaba la balanza en favor de su nieto Tiberio Gemelo y, para evitar conflictos sucesorios, se deshizo de la competencia: **una acusación de traición fue suficiente para que el joven Calígula (de diecisiete años) perdiera a sus hermanos y a su madre.** Con este **«primer trauma»**, Calígula será consciente del peligro que entrañan la ambición y el poder.

¿Y POR QUÉ NO MATARON TAMBIÉN A CALÍGULA?

Nuestro Botitas se salvó gracias a un alto funcionario, Quinto Nevio Cordo Sutorio Macrón (más conocido simplemente como Macrón), que habló en su favor ante el emperador. Una vez convencido de su lealtad, Tiberio decidió mantener a Calígula con vida y, con el tiempo, lo añadió a su testamento para que gobernara juntamente con Tiberio Gemelo.

El 16 de marzo del año 37 d. C., Tiberio muere y, por cosas de la vida, ni el Tato se acuerda de Gemelo como sucesor. Todo el imperio aclamó a Botitas, que tenía veinticuatro añazos y continuaba en el recuerdo de los soldados y sus familias.

En su viaje hacia Roma, el pueblo le gritaba cosas como **«¡El hijo de Germánico es emperador!»** y *«¡Nuestro niño es emperador!»*. El mismísimo Suetonio **(que luego lo pondría a caldo)** comenta que el ascenso de Calígula fue **«un sueño hecho realidad»** e incluso hay una inscripción oficial en Aso que, traducida, vendría a decir: **«Toda la humanidad había esperado la coronación de Cayo César Germánico Augusto. El mundo conoce ahora la mayor de las alegrías porque, con su gobierno, llegará la era más feliz de Roma»**. Sin presiones, vaya.

Cuando Calígula se presentó ante el Senado, dejó claro que quería cumplir con los deseos testamentarios de Tiberio, pero con un leve, pequeñísimo y crucial detalle: aprovechando que Gemelo era siete años más joven, lo adoptó como hijo y lo nombró su heredero. De esa manera, Calígula podía gobernar en solitario, pero sin retirarle a Gemelo el acceso al poder (que le llegaría en un futuro lejano, claro). ¡Ay, Calígula, eres más listo que el hambre!

Sus primeras medidas como emperador fueron muy alabadas: decretó una amnistía general para todos los que habían sido exiliados o encarcelados por Tiberio, permitió al vulgo que ascendiera socialmente, restauró templos, mejoró el sistema legal y la seguridad en las ciudades... Ya te puedes imaginar que, si antes lo adoraban, ahora tenía al pueblo comiendo de la palma de su mano.

SI ERA TAN BUENO, ¿POR QUÉ SUS COMPATRIOTAS EMPEZARON A HABLAR MAL DE ÉL?

Todo empezó en octubre del año 37 d. C., cuando Calígula cayó enfermo. Nadie sabía qué mal aquejaba al emperador y se temía por su vida, así que la gente no tardó en rodear su palacio para orar por él. Imagina a cientos de personas haciendo ofrendas, pagando rituales en los templos e incluso ofreciendo su vida a Júpiter (¡su propia vida!), a cambio de que «el amado Botitas» se recuperase.

Tras un mes postrado en la cama Calígula sanó, pero, según Suetonio, su personalidad cambió por completo. Nos dice que se volvió cruel, despectivo, frío y cínico; nada que ver con el muchacho que había sido antes. Y, para dar cuenta del terrible cambio, nos explica cómo ordenó localizar a quienes habían ofrecido su vida como tributo a Júpiter para ahogarlos en el Tíber. Al parecer, y en consideración de Calígula, debían cumplir con su promesa. No tenemos manera de verificar si este episodio fue real o pura inventiva de Suetonio pero, si ocurrió, solo puedo decir... ¡S.O.S.!

Cuando se habla de la **transformación de Calígula de emperador encantador a psicópata de serial**, a menudo se mencionan el narcisismo, la megalomanía, el desorden de personalidad, la bipolaridad, una enfermedad maniaco-depresiva... Pero, personalmente y como profesional, no creo que sea posible hacer un diagnóstico concluyente. Eso sí, parece lógico creer que pudo haber cierto grado de **paranoia** en estos comportamientos.

Un episodio especialmente revelador es el que narra Suetonio sobre la muerte de Tiberio Gemelo. Al parecer, el primito llevaba algún tiempo ingiriendo un jarabe para la tos, pero Calígula se obsesionó con que era un antídoto para el veneno que lo había postrado durante un mes en la cama. Su mente imaginó el complot tan rápido que el acusado apenas tuvo opción de réplica.

Y tal vez había algo de verdad en su sospecha. O tal vez no. Pero —por si acaso— **Tiberio Gemelo recibió la orden de lanzarse sobre su propia espada**. Vamos, que se le obligó a suicidarse frente al emperador. ¡Menuda escena! Seguro que ese estropicio no lo limpió Calígula...

SEGURO QUE QUIERE QUITARME DE EN MEDIO PARA CONVERTIRSE EN EMPERADOR DE ROMA.

SU ABUELO NO DUDÓ EN ACABAR CON MIS HERMANOS Y MI MADRE PARA CERCIORARSE DE SU ASCENSO...

Y YO HE TRUNCADO SUS PLANES...

A partir de aquí todo fue cuesta abajo: empezaron las bromas desagradables, los ataques de ira, las construcciones ostentosas, los malos modos y la obsesión por las carreras de caballos. La verdad es que, en conjunto, Calígula desgastó la paciencia de la gente paulatinamente.

Y AQUÍ SURGE EL BULO DE INCITATUS, ¿NO?

¡Efectivamente!

A ver, la relación de Calígula con Incitatus sí que era un poquito exagerada. Según los cronistas, mimaba al caballo: le construyó un establo individual (se decía que era de mármol), designó esclavos para que le atendieran día y noche, apostaba soldados en la puerta para que nadie despertase al animal antes de las carreras... **Sí, es demasiado, pero no fue el único en excederse.** El emperador Lucio Vero cubrió a su caballo favorito (Volucer) con una manta púrpura (el color imperial), encargó una estatua de oro en miniatura del animal para llevarla siempre encima, y se gastó una fortuna en su tumba. Incluso Cómodo ordenó pintar los cascos de su Pertinax con polvo dorado para un desfile en el Circo Máximo.

Ahora bien, a pesar de todos estos cuidados, la realidad es que **nunca nombró cónsul a Incitatus**. Fue, más bien, una de esas bromitas insolentes que tanto le gustaban. Seguramente soltó la gracieta a viva voz, en algún evento público: «Incitatus hace más por Roma que los miembros del Senado. Debería nombrarlo cónsul», debió de decir entre risas.

Y, claro, a lo mejor a ti no te parece una broma especialmente grave, pero es que **llegar a cónsul era el sueño de cualquier senador**. Prácticamente, era el objetivo final del *cursus honorum* (o sea, la carrera política de un romano). Así que este comentario por parte del soberano era grave y faltón de narices.

La gente habló de ello, se escandalizó y criticó a Calígula (con razón), pero el emperador nunca tuvo la intención de otorgarle semejante rango a Incitatus. De haberlo pretendido, te aseguro que lo habría hecho nada más mencionarlo.

¿CUÁL FUE LA GOTA QUE COLMÓ EL VASO?

¡Podrían haber sido tantas...! Para finales del 40 d. C. Calígula resultaba insoportable. Según las fuentes, a veces extendía la mano para que le dieran un beso y en el último momento la retiraba haciendo un gesto obsceno. Otras, amenazaba con cortar cabezas de senadores por aburrimiento o se mostraba indiferente con los embajadores y representantes de otras regiones. Para serte sincera, Calígula se había convertido en un Bart Simpson que no sabía cuándo parar. Y, al igual que en Springfield hay un Moe Szyslak que revienta con tanta bromita telefónica, en Roma tenemos a Casio Querea, un tribuno de la Guardia Pretoriana que estaba hasta el gorro del emperador.

Calígula no solo lo obligaba a recaudar impuestos (una tarea indigna para alguien de su posición), sino que solía hacerle bromas pesadas a diario, como darle un santo y seña vergonzoso que Querea debía repetir ante todos sus compañeros. La escena habría sido algo así: Querea se presenta ante la cohorte de quinientos hombres. Uno de sus compañeros le pregunta: **«¿Contraseña?»**, y Querea, con cara de pocos amigos, dice a regañadientes una frase del tipo: **«Tengo piojos en el culo».** ¿Consecuencia? Estallido de risas sazonada con humillación a la carta.

Cuando la paciencia de Querea se acabó, urdió una conspiración para asesinar al emperador. Y no le faltaron aliados; se le sumaron otro tribuno pretoriano (Papinio), un comandante de la Guardia Germana (Cornelio Sabino), varios senadores (como Annio Viniciano)... Y, tras muchas discusiones, escogieron el 24 de enero del año 41 d. C. para matar a Calígula, aprovechando que presidiría un ritual religioso antes de los espectáculos del día.

La muerte del emperador fue rápida. No muy limpia pero rotunda; nada más salir del teatro, se le echaron encima para acuchillarlo. Y fue la rapidez de la ejecución unida a la necesidad de eliminar a sus parientes cercanos lo que provocó que Querea, todavía frustrado, cruzara la línea y se ensañara con personas inocentes. El relato que viene a continuación es duro, ya te aviso, pero quiero contártelo porque me parece importante que seas consciente de que cualquiera puede convertirse en un monstruo. Sé que estás acostumbrado a ver películas donde vengarse es un acto de justicia, pero, en la vida real, la venganza es un arma violenta, incontrolable y despiadada.

Cuando Querea y sus compañeros se presentaron ante su siguiente objetivo, no tuvieron misericordia: acorralaron a Cesonia (esposa de Calígula) y a Julia Drusila (también llamada Drusila la Joven), su hija de dieciocho meses. Decapitaron a la primera y asesinaron a la segunda golpeando su cuerpecito repetidas veces contra un muro. Hasta donde sabemos, ni siquiera fueron enterradas.

Cuando Claudio (tío de Calígula) fue nombrado emperador, el Senado se dividió entre los partidarios de exonerar a Querea y aquellos que pedían un castigo ejemplar. Claudio no sentía afecto por su sobrino, ni lloró la muerte de Cesonia y Drusila; pero sí que le interesaba amedrentar a futuros conspiradores que pudieran surgir durante su gobierno. Por eso, y solo por eso, mandó ejecutar a todos los soldados que habían participado en el homicidio. Eso sí, **usando la espada del mismísimo Querea** (una decisión un tanto teatral y muy del estilo de Calígula, la verdad). Por supuesto, los senadores involucrados fueron exonerados de toda culpa.

Capítulo 6:

GLADIADORES CON EXTRA DE MUERTE

El **bulo histórico de que los gladiadores eran esclavos que luchaban a muerte** es uno de los más comunes y traicioneros, porque surge de una información sesgada e incompleta que (a fuerza de repetirse) se asimila como cierta.

Incluso el cine ha tomado este bulo para bombardearnos con tramas dramáticas y protagonistas honorables que deben hacer frente a emperadores sanguinarios que nada tienen que ver con la realidad histórica (¡cof!, ¡cof!, *Gladiator*, ¡cof!, ¡cof!).

Pero vamos por partes:

¿CUÁL ES EL ORIGEN DE LOS GLADIADORES?

¿Alguna vez has ido a un funeral? Ya, ya sé que es una pregunta bastante lúgubre, pero te aseguro que viene al caso.

Normalmente, la familia del finado invierte una suma considerable en arreglos florales, velatorio, oficios eclesiásticos (en caso de que la persona fuera practicante de alguna religión), lápida, féretro o urna cineraria. Y todo esto se hace para honrarlo y demostrarle cariño. Aquellos que perdimos a un ser querido y pasamos por todo este proceso sabemos de sobra que esa persona ya no necesita nada; que le da igual la madera del ataúd, las flores o si la homilía la da Paco, el vecino del tercero. Pero, aun así, no podemos evitarlo, porque lo quisimos, lo queremos, y necesitamos sentir que lo proveemos de todo cuanto está en nuestra mano.

Pues a los romanos les pasaba algo parecido y, dependiendo del nivel económico de la familia, el muerto tenía más o menos lujos. Precisamente, uno de esos lujos dará origen a los combates de gladiadores.

GORGO, ¿DE VERDAD ME ESTÁS DICIENDO QUE LA GENTE SE PEGABA DE LECHES COMO PARTE DEL FUNERAL?

Pues... ¡sí! Pero no te imagines que de pronto los asistentes se liaban a tortas en una suerte de *El club de la lucha* improvisado. La familia (normalmente, el heredero varón) se encargaba de escoger a **dos luchadores denominados *bustuarius* que peleaban junto a la pira del difunto hasta que corría la primera sangre**. Esta sangre, obtenida con esfuerzo y destreza físicas, se convertía en la **ofrenda ritual para calmar a los *dii inferi*** (los «dioses de abajo» que moraban en el Inframundo), permitiendo que el alma del muerto iniciara su tránsito al «más allá» sin peligro. Lo sé, con tu mentalidad del siglo XXI estás pensando que es una práctica violenta e innecesaria; pero, si lo ves desde su perspectiva, te darás cuenta de que era un ritual (creado en la línea de sus doctrinas religiosas) para evitar daños espirituales al muerto.

El caso es que esta práctica se hizo tremendamente popular no solo por su significado, sino porque entretenía a los asistentes al funeral. De hecho, en el siglo III a. C. se convirtió en condición *sine qua non* para las exequias. Nos han llegado algunos ejemplos específicos como el de Marco y Décimo en el 246 a. C., dos hermanos que quisieron honrar la memoria de su padre (Junio Bruto Pera) organizando un combate con tres pares de *bustuarius* en el Foro Boario y un pedazo de banquete. Si un productor llevara esta escena al cine, seguro que los hermanos dirían algo como esto: «Mira, papá, para que te vayas feliz, te hemos traído *bustuarius* con moratones y tu pollo asado favorito».

Así surge el *munus*, que podemos traducir como deber o regalo. Vamos, **la obligación de organizar y pagar los combates, además de proveer a los asistentes de comida y bebida.**

Como supondrás, preparar todo esto requería desembolsar una pequeña fortuna, así que en muchos casos se utilizaban prisioneros y esclavos para ahorrarse unas monedillas.

¿Y CÓMO PASAMOS DE PELEAS EN FUNERALES A LUCHAS EN EL ANFITEATRO?

Este *munus gladiatorum* fue evolucionando hasta convertirse en una **estrategia de promoción política.** Para los romanos, que el funeral fuera un éxito demostraba que el heredero del difunto era un tipo hábil, fiable e ingenioso, y esto le abría las puertas a conseguir un alto cargo político. Fíjate hasta dónde llegó la cosa que el mismísimo Tito Livio dijo en su *Ab urbe condita* que «un hombre que sabía organizar un espectáculo sabía cómo conquistar en la guerra».

Por supuesto, cuando el Estado se dio cuenta de la relevancia política del *munus*, decidió subirse al carro y organizar unos propios. A partir de aquí, los combates quedarán englobados como *ludi* (juegos) e incluirán variedades con fieras, representaciones de batallas famosas, enfrentamientos navales... Todo pensado para entretener y satisfacer al pueblo raso.

UN DATO INTERESANTE ES QUE, DURANTE EL IMPERIO, LOS *LUDI* SE CONVIRTIE-RON EN UN MEDIO DE CONEXIÓN ENTRE EL DIRIGENTE Y SUS SÚBDITOS. EN LOS JUEGOS, EL PUEBLO TENÍA UN PERMISO ESPECIAL PARA DIRIGIRSE AL EMPERA-DOR *(LICENTIA THEATRALIS)*, QUIEN, PRÁCTICAMENTE, SE SENTÍA OBLIGADO A RESPONDERLES. Y NO SOLO PORQUE ERA UN SIGNO DE BUENA EDUCACIÓN, SINO PORQUE ERA UNA PARTE FUNDAMENTAL DE SU CAMPAÑA DE IMAGEN; CONTESTAR A SUS SÚBDITOS LE HACÍA PARECER ALGUIEN CERCANO, PATERNAL Y PREOCUPADO POR SU GENTE. POR EL CONTRARIO, NO HACERLO SE CONSIDERABA UNA ACTITUD ARROGANTE Y MALEDUCADA, ASÍ COMO UNA INVITACIÓN A BUSCARSE DETRACTORES DE LA MANERA MÁS TONTA. Y, SI NO, QUE SE LO DIGAN A TIBERIO, QUE POR NO RESPONDER A LA *LICENTIA THEATRALIS* SE GANÓ VARIOS APODOS DESAGRADABLES. ENTRE ESTO Y ALGUNAS DE SUS DECISIONES POLÍTICAS, NO ES DE EXTRAÑAR QUE, TRAS SU MUERTE, LA GENTE CLAMASE A CORO: «TIBERIO AL TÍBER» (SI HUBIERA ESTADO EN MANOS DEL PUEBLO, HABRÍAN LANZADO SU CADÁVER AL RÍO).

¿QUIÉNES LUCHABAN COMO GLADIADORES?

Para no enrollarme, te diré que **casi cualquier persona podía acabar sien-do gladiador**. Empecemos de los más a los menos conocidos, ¿te parece?

Los **esclavos** y los **prisioneros de guerra** (como Espartaco) fueron muy co-diciados porque salían baratos, y aquellos que tenían formación militar previa daban un buen espectáculo. Estos últimos solo formaban parte de la *gladiatura* cuando Roma se enzarzaba en conquistas militares, como la campaña en Tracia o en la península ibérica.

A finales de la República, más de la mitad de los gladiadores eran **volun-tarios**. Estos *auctoracti* podían provenir de clases sociales elevadas (en cuyo caso, se les obligaba a renunciar a sus privilegios) o del vulgo. Y, si te preguntas qué motivaba a una persona libre a lanzarse a la arena, te diré que las respuestas son muy variadas. Cuando se trataba de la clase alta, a veces era una forma de **rebelarse contra la autoridad paterna** y otras un modo de **pagar a prestamistas**; tenemos, por ejemplo, el caso de un muchacho apodado Sisines, que habría combatido en Amastris para liquidar las deudas de un amigo. ¡Qué majo el chaval!

En el caso de las clases sociales bajas, la *gladiatura* se convertía en **una buena salida laboral**. El sistema de castas no permitía ascender socialmente, así que las únicas opciones para salir de la pobreza, comer diariamente y tener un techo sobre la cabeza eran el ejército o el anfiteatro. ¿Lo bueno de la segunda opción? Que cobrabas más (mínimo 2.000 sestercios por combate, frente a los 900 sestercios anuales del legionario), te hacías famoso y pasabas la mayor parte del tiempo entrenando. En general, se estima que **los luchadores combatían un máximo de seis veces al año, así que era una existencia bastante cómoda.**

Y, por cierto, **las mujeres también podían dedicarse a la *gladiatura*.** Las gladiadoras solían participar en los *munera* usando las mismas armas y vestimenta que sus compañeros varones. Lo normal era que lucharan en combates de uno contra uno (*monomachia*), pero de vez en cuando participaban en luchas grupales o *gregatium*.

En general, **tanto los gladiadores como las gladiadoras utilizaban un pseudónimo**, como hacen algunos luchadores profesionales hoy en día. Tenemos a Amazona (la amazona), a Achillia (la Aquiles mujer), a Pugnax (el combativo), a Faustus (el de la buena suerte), a Pardus (el leopardo), etcétera. Un buen nombre artístico contribuía positivamente a la fama del gladiador.

¿CÓMO? ¿CÓMO ES ESO DE QUE TE HACÍAS FAMOSO?

Lo sé, estás perplejo, pero los gladiadores eran vistos como atletas o como los futbolistas de hoy en día. Algunos incluso tenían su propio *merchandising*: se han encontrado lámparas, jarras y hasta biberones decorados con escenas de combates entre gladiadores famosos.

La gente sentía un furor tan exacerbado hacia los gladiadores que, **cuando uno de ellos era herido y su sangre caía en la arena, la recogían con pañuelos o en vasitos, convencidos de que contenía propiedades curativas y afrodisíacas.** Plinio el Viejo comenta estas curiosas creencias en su *Historia natural*, al igual que Tertuliano en su *Apologeticum*.

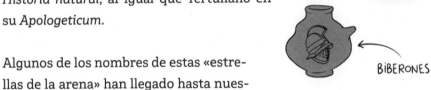

LUCERNAS

JARRAS

BIBERONES

Algunos de los nombres de estas «estrellas de la arena» han llegado hasta nuestros días junto con sus historias, como la de Flamma, el secutor que luchó treinta y cuatro veces, venció veintiuna, empató nueve y perdió cuatro. Nada mal, oiga.

ESPERA, ESPERA, ESPERA, PERO ENTONCES... ¿NO MORÍAN EN LA ARENA?

Podemos decir que **la tasa de mortalidad fue bastante baja**, especialmente después de que el emperador Augusto prohibiera los *munera sine missione* (los juegos sin indulto). En general, **se buscaba que los gladiadores sobrevivieran el máximo tiempo posible para que salieran rentables.** Piensa que cada gladiador suponía un gasto enorme para el *lanista* (el dueño de la compañía de gladiadores) porque no solo recibía una extensa formación —como mínimo, de seis meses— antes de combatir por primera vez, sino que también debía ser alimentado y atendido médicamente si contraía alguna enfermedad.

Pero eso no significa que los combates fueran seguros e indoloros. **Había riesgo de muerte de manera directa e indirecta**; incluso un mal golpe en la cabeza, un corte infectado o una pierna rota podían tener consecuencias fatales.

De hecho, y por si las moscas, tras firmar el «contrato de trabajo» (*auctoractio*), **los hombres y mujeres libres debían hacer un juramento que eximía de toda responsabilidad a los organizadores de los *ludi*: «Uri, vinciri, verberari ferroque necari»**, o lo que es lo mismo: «Soportaré ser quemado, encadenado, golpeado y muerto por la espada». Y sí, suena muy dramático, pero ¿te has leído alguna vez las exenciones de responsabilidad para hacerte determinadas pruebas médicas, como un TAC? Pues es lo mismo: una forma de guardarse las espaldas en caso de que haya complicaciones.

¿HAS DICHO QUE LOS ENTRENABAN? ¿COMO A UN DEPORTISTA ACTUAL?

¡Pues sí! **Había escuelas de entrenamiento** pensadas para formar a los gladiadores y asegurarse de que dieran un buen espectáculo. Estas podían ser municipales (dirigidas por un alto cargo de la ciudad), privadas (llevadas por un *lanista*) o imperiales (con un funcionario estatal como encargado). Y te digo una cosa: la inversión en esas escuelas no era ninguna tontería. Había médicos, entrenadores, cocineros, masajistas, herreros... Todo pensado para que estos atletas estuvieran en buen estado.

Incluso tenían restricciones alimentarias para mantenerse en plena forma, ingiriendo muchas proteínas y poca grasa. El plato estrella de su dieta era la *sagina*, unas gachas de alubias y cebada que les valieron el apodo de *hordearii* (comedores de cebada) en algunas regiones del Imperio romano.

La *gladiatura* se convirtió en algo tan serio que hasta se crearon *collegia* (asociaciones profesionales parecidas a los sindicatos) para regular los derechos de los gladiadores retirados, que eran contratados como *magistri* (entrenadores para las siguientes generaciones) o como árbitros.

PERO, GORGO, ENTONCES ¿POR QUÉ TENEMOS TAN MALA VISIÓN DE LOS JUEGOS DE GLADIADORES?

Al principio del capítulo te he dicho que este es uno de los bulos más traicioneros porque juega con verdades a medias, así que nos toca adentrarnos en la verdad completa.

LOS *LUDI* DURABAN TODO EL DÍA, PERO EL *MUNUS* (VAMOS, EL COMBATE DE GLA-DIADORES) SE CELEBRABA POR LA TARDE. ENTONCES... ¿CUÁL ERA EL ESPECTÁCULO DURANTE LA MAÑANA? AUGUSTO ESTABLECIÓ QUE HABRÍA UN PEQUEÑO POPURRÍ DE *VENATIONES* (CAZA DE BESTIAS) Y *LUDI MERIDIANI*. LOS *LUDI MERIDIANI* ERAN EJE-CUCIONES DE *DAMNATI AD LUDUM* (CONDENADOS A LA PENA CAPITAL). LOS CON-DENADOS O *NOXII* SERVÍAN DE «TELONEROS» DE LOS GLADIADORES Y DENTRO DE LAS FORMAS DE AJUSTICIAMIENTO QUE PODÍAN SUFRIR ESTABAN LA *DAMNATIO AD BESTIAS* (MORIR DEVORADOS POR ANIMALES) Y LA *DAMNATIO AD GLADIUM* (MORIR LUCHANDO CONTRA OTROS CONDENADOS).

Los reos que debían enfrentarse a las fieras podían tener un arma para intentar defenderse o bien ser lanzados a la arena con las manos atadas a la espalda. ¿De qué dependía que tuvieras la suerte de tener un arma o la mala pata de acabar inmovilizado en un poste? Pues del crimen cometido. No era lo mismo ser un **captivi (prisioneros de guerra)** que un desertor, o un asesino que un falsificador.

Con respecto a los condenados **ad gladium**, no recibían ni escudos, ni armadura para protegerse, así que los combates terminaban bastante rápido. A veces las luchas eran grupales y otras por parejas, pero, en caso de que alguien sobreviviera, lo habitual era que fuera asesinado por un esclavo. No obstante, en algunas provincias los supervivientes podían ser «reutilizados» en los siguientes **ludi meridiani** de otras localidades. Y, aunque el **noxius** sabía que no había posibilidad de salvarse de la condena, ganarle algo de tiempo a la Muerte debió de resultar un aliciente de lo más tentador para continuar luchando.

El pensamiento medieval tergiversó y generalizó la situación de los ***damnati ad ludum***, dando a entender que todos los gladiadores corrían la terrible suerte de los ***noxii***. Al no ser capaces de asimilar la diferencia entre un voluntario y un condenado, fusionaron ambos, creando (sin pretenderlo) la imagen del abnegado esclavo que saluda al emperador antes de enzarzarse en una colosal pelea a muerte. Pero, como puedes ver, **la Historia está llena de matices, y la situación de los gladiadores era muy diferente de lo que los señores medievales y Máximo Décimo Meridio nos hicieron creer.**

Capítulo 7:

ALFOMBRAS TEJIDAS CON MENTIRAS Y AMBICIÓN

Si has leído la introducción de este libro, ya sabrás que me gusta dividir los bulos históricos en tres categorías: los que surgen por un error de interpretación o de traducción, los que se crean adrede y los adornos pensados para captar la atención del lector. Pues bien, en algunos casos, estas tres tipologías se fusionan para crear lo que yo denomino **EL SUPERBULO**. El superbulo surge cuando **alguien aprovecha una explicación errónea para crear un adorno tan pero tan grande que eclipsa la historia real**.

GORGO DATO

CUANDO EL SUPERBULO SE LANZA CONTRA FIGURAS HISTÓRICAS, SUELE CONVERTIRSE EN UNA BAZA POLÍTICA QUE PERMITE DESACREDITAR AL OPONENTE Y PRESENTARLO COMO EL MALO MALÍSIMO DE LA HISTORIA. ESTE ES EL CASO DE CLEOPATRA, A QUIEN LOS AUTORES GRECOLATINOS SE ESFORZARON POR RETRATAR COMO UNA MUJER AMBICIOSA Y OBSESIONADA CON EL PODER.

¡AH! PERO ENTONCES... ¿CLEOPATRA NO ERA AMBICIOSA?

Depende de lo que consideremos «ser ambicioso».

Para empezar, tienes que ser consciente de que **la mayor parte de las fuentes grecolatinas que hablan sobre Cleopatra están sesgadas por opiniones personales y contextuales.** Como vimos en el capítulo «Pechos cercenados y señoras luchadoras», estas sociedades consideraban que las mujeres no eran aptas ni para la guerra ni para gobernar... ni prácticamente para tener libertad de acción. Así que, cuando surgían líderes femeninas en tierras ajenas a su territorio, automáticamente les ponían mala fama. Y no te creas que solo tenemos el caso de Cleopatra; en la larga lista de distorsiones históricas propiciadas por los griegos y los romanos podemos incluir a la reina Boudica, a Teuta de Iliria o a Zenobia de Palmira, entre muchas otras. Ellos asumían que todas estas mujeres habían llegado al poder traicionando y manipulando a los hombres, así que se inventaban historias sobre su crueldad, su lascivia y su ambición.

Centrándonos en Cleopatra, ¿podemos decir que había ambición en sus acciones? La Real Academia Española (RAE) define a una persona ambiciosa como aquella que tiene ansia o deseo vehemente de algo. Curiosamente, en esta descripción encajan muchos líderes que han sido encumbrados por la Historia: Alejandro Magno, Julio César, Carlos V, Napoleón Bonaparte... Pero ninguno de ellos fue considerado ambicioso desde un punto de vista negativo, sino todo lo contrario. Sus elevadas aspiraciones son sinónimo de éxito y ejemplo a seguir por muchas generaciones.

GORGO DATO

QUIZÁ EL PROBLEMA AQUÍ NO SEA TANTO LA AMBICIÓN COMO EL SEXO DE LA PERSONA QUE POSEE DICHA AMBICIÓN. CATALINA II DE RUSIA, OLIMPIA DE ÉPIRO, LEONOR DE AQUITANIA, CATERINA SFORZA... SON EJEMPLOS PERFECTOS DE CÓMO EL TÉRMINO «AMBICIÓN» PUEDE TORNARSE OSCURO Y VIL CUANDO SE PRETENDE DESACREDITAR A UNA MUJER.

Probablemente Cleopatra era ambiciosa, sí, pero en la forma que dicta la RAE y no como describían los textos romanos. A ver, no voy a decirte que fue una santa (ninguna figura histórica está libre de culpa), pero desde luego no fue la señora malvada de los relatos grecolatinos.

Cleopatra llegó al poder con el enorme afán de arreglar las metidas de pata de su padre. Quería que su pueblo prosperara y que la riqueza y la cultura inundaran su nación. **¿Cómo llamaríamos a eso hoy en día? Seguramente hablaríamos de sueño o meta, ¿no?**

A mayores de la dualidad que esconden las palabras, es interesante constatar cómo pueden alterar la imagen que tenemos de una persona. Si nos hubieran dicho que Cleopatra era una soñadora, el 80 por ciento de su mala fama habría desaparecido por arte de birlibirloque.

¿EN QUÉ SE EQUIVOCÓ EL PADRE DE CLEOPATRA?

Ptolomeo XII Neo Dioniso no era un personaje muy querido por el pueblo que digamos. Fue conocido por dos apodos: **Auletes (flautista)** por su afición a tocar un instrumento parecido al oboe, y **Nothos, el bastardo (intuyo que este apelativo no necesita demasiadas explicaciones)**.

Cuando ascendió como soberano, Ptolomeo XII se encontró con que necesitaba dos cosas: ayuda para afianzar su gobierno y una considerable inyección monetaria para afrontar la debilidad económica del país. ¿Y qué puerta golpeó pidiendo ayuda? La de Roma. No solo pedía préstamos a banqueros romanos, sino que también procuraba sobornar a políticos y personajes influyentes de la República para afianzar su poder.

Claro que tampoco podemos juzgarlo muy severamente porque sus antepasados ya habían estrechado lazos con Roma. En tiempos de Ptolomeo III (concretamente, en el 273 a. C.), se invirtió una buena suma de dinero y regalos para que Egipto apareciera en la *formula amicorum et sociorum*, **en la que se incluía a los *amici et socii populi Romani* (vamos, la lista VIP de amigos y colegas de los romanos)**. La letra pequeña de este acuerdo era que **Egipto se convertiría en un Estado cliente o, lo que es lo mismo, en un pozo sin fondo para sufragar los gastos de la República**. Con el paso de los años, la situación fue a peor, y los romanos tuvieron poder suficiente para regular las fronteras y meter mano en las decisiones gubernamentales.

Esta política prorromana no hizo ninguna gracia a los egipcios y, en época de Ptolomeo XII, acabó siendo insostenible. La carga fiscal era abusiva —el rey aumentaba constantemente los impuestos para hacer frente a sus acreedores— y la influencia de Roma se hacía notar en todo el país. Los ánimos estaban algo más que crispados cuando ocurrió el colmo de los colmos en el 58 a. C.: la República quiso anexionarse la isla de Chipre.

Por si no lo sabes, Chipre era una de las posesiones más preciadas de Egipto. Fue un enclave imprescindible para dirigir el comercio de cobre, un punto estratégico en campañas militares y un lugar ideal para conseguir madera y construir navíos. El rey de la isla, por aquel entonces, era Ptolomeo de Chipre, el hermano de Ptolomeo XII (¡si es que aquí todo queda en familia!), así que, cuando Roma inició el asedio, Ptolomeo de Chipre hizo lo más lógico: pidió auxilio a su hermano. Lamentablemente, Ptolomeo XII estaba más preocupado por mantener su amistad con Roma que en defender la vida de su hermanito, e hizo oídos sordos a sus súplicas. El rey chipriota acabó muerto y la isla se convirtió en territorio romano.

POR Fi

Al conocerse la noticia, el cabreo de los egipcios fue más que palpable. El pueblo consideró a Ptolomeo XII un traidor y la ciudad de Alejandría se levantó en su contra aquel mismo año, obligándolo a abdicar y a huir del país.

Y FUE ENTONCES CUANDO CLEOPATRA VII FUE DECLARADA REINA DE EGIPTO, ¿NO?

¡Para nada! Con Ptolomeo XII exiliado en Roma (por supuesto, ¿adónde iba a ir si no?), el gobierno pasó a manos de su hija Berenice IV.

Durante tres años, Ptolomeo terqueó y negoció con el Senado romano para conseguir su apoyo. Quería que lo ayudaran a recuperar el trono, y lo conseguiría en el 55 a. C., cuando desembolsó 10.000 talentos al político y general Aulo Gabinio.

Acompañado por el ejército de Gabinio (entre cuyos soldados se encontraba, por cierto, el futuro general Marco Antonio), Ptolomeo se abrió paso hasta el palacio de Alejandría. Reventó las puertas, le cortó la cabeza a su hija Berenice y se autoproclamó rey. **Eso no te lo esperabas, ¿verdad?**

No obstante, Ptolomeo no era tonto: sabía que no lo querían allí y que la influencia de aquel ejército no duraría para siempre. Por si fuera poco, **la decisión de poner a un romano al frente de las finanzas del país no mejoraba la situación**. Así que en el 52 a. C. jugó la baza de nombrar a su hija, Cleopatra VII, corregente.

¿Y QUÉ TENÍA DE BUENO NOMBRAR A CLEOPATRA CORREGENTE?

Es normal que estés algo perdido con esta estrategia, pero te la voy a explicar desde el principio para que no queden dudas:

La dinastía ptolemaica se inicia con Ptolomeo I Soter, general y *somatophylakes* **(algo así como guardaespaldas)** del famoso Alejandro Magno. Cuando Alejandro muere en el 323 a. C., los territorios que había conquistado se reparten entre sus generales, y a Ptolomeo le toca Egipto, tierra de la que se declarará faraón en el 305 a. C.

Como supondrás, **las diferencias culturales entre los macedonios y los egipcios eran tremendas**, así que el gobierno de Ptolomeo supuso un batiburrillo —una especie de simbiosis— entre ambas. Adoptó los títulos (como rey-dios) y la iconografía egipcia para legitimarse políticamente, pero mantuvo el pensamiento y el lenguaje griegos.

Ahora bien, como parte de su estrategia de gobierno, **los ptolemaicos van a emular a dinastías pretéritas con una sucesión hereditaria y lineal** (vamos, de padres a hijos) en la que el riesgo de usurpación al trono será mínimo. ¿Y cómo se consigue esto? Pues escogiendo a miembros femeninos de su familia directa como corregentes y, en muchos casos, engendrando herederos de sangre real con dichas parientes. Así tendremos matrimonios como el de Ptolomeo IV con su hermana Arsinoe III, Ptolomeo VIII con su sobrina Cleopatra III, Ptolomeo X con su sobrina Berenice III...

A ver, a ver, reprime esa expresión de repulsa. Ya sé que hoy en día nos parecen relaciones antinaturales, pero estos matrimonios fueron bastante comunes en el Antiguo Egipto. Supongo que te sonará el nombre de Tutankamón, ¿no? Bueno, pues parece ser que este faraón de la XVIII Dinastía (de 1575 a. C. a 1295 a. C.) se casó con su media hermana Anjesenamón.

¡Ah! Otro detalle que casi se me olvida comentarte y que debes tener presente: **todos los reyes de la dinastía ptolemaica se van a llamar Ptolomeo, y las reinas recibirán el nombre de Cleopatra, Arsinoe o Berenice**. Lo sé, lo sé, es un poco lioso. Imagínate el dolor de cabeza que tenemos los historiadores cada vez que nos toca completar su árbol genealógico...

¿Y POR QUÉ LAS MUJERES ERAN CORREGENTES EN LUGAR DE REGENTES?

Porque, pese a todo, la cultura egipcia priorizaba el gobierno del varón. Hubo excepciones, claro, como **Neferusobek** o **Tausert**, pero no fueron habituales.

En el caso concreto de Cleopatra VII, puedes estar tranquilo, porque su nombramiento como corregente no tuvo nada de endogámico. En realidad, fue una estrategia brillante para equilibrar el gobierno, legitimar a Ptolomeo XII y apaciguar a los egipcios con la promesa de una sucesión monárquica a la altura de sus expectativas y de la tradición.

Pero no vayas a creer que Cleopatra gozó de una total libertad de acción gracias a este título; ¡ni mucho menos! Siguiendo con la tradición, si quería reinar debía compartir el poder con un miembro varón de la dinastía. De hecho, **cuando su padre muere, Cleopatra tiene que casarse con sus hermanos** (Ptolomeo XIII primero y Ptolomeo XIV después). Y, tras la muerte de estos, dividirá la regencia con Cesarión (el hijo que tuvo con Julio César).

ENTONCES... ¿POR QUÉ CLEOPATRA SE REUNIÓ CON JULIO CÉSAR METIDA DENTRO DE UNA ALFOMBRA?

Vale, vamos por partes:

Cuando Ptolomeo XII hizo su testamento (año 51 a. C.), nombró sucesores conjuntos a Cleopatra VII y a Ptolomeo XIII, pero ambos quedaron bajo tutela del gobierno romano. Esto fue una faena para Cleopatra, porque estaba a merced de Potino y Aquilas (los consejeros de su hermano) y de Pompeyo el Grande. Estos tres señores vieron la oportunidad de controlar el territorio usando a Ptolomeo XIII (de diez años) como títere y, para eso, tenían que deshacerse de Cleopatra.

A sus dieciocho años, Cleopatra no tuvo más remedio que exiliarse para salvar la vida. Pero **una diosa-reina no se rinde así como así, y la chiquilla reunió un ejército en Siria mientras esperaba que se le presentara la ocasión de recuperar su lugar en el trono.** Y esa ocasión se la brindó una cagad..., ¡perdón!, un error de su hermanito en el 48 a. C.

Cuando Pompeyo fue derrotado por Julio César en la segunda guerra civil de la República romana, decidió tirar del *hospitium atque amicitia*. Vamos, que se marchó a Egipto para pedir auxilio a su *pupillus*, el pequeño rey Ptolomeo XIII. Pero se ve que el muchacho no estaba por la labor de echarle una mano.

«¿Y si, al dar asilo a Pompeyo, Julio se enfada y me quita el trono?», habría preguntado a sus consejeros.

«¡Tenéis razón! —responderían Potino y Aquilas—. Nadie quiere apostar por un caballo perdedor...».

Así que, **convencido de que aliarse con Julio César era una estrategia más segura que mantener su amistad con Pompeyo, Ptolomeo mandó que le cortaran la cabeza al perdedor y se la enviaran a Julio como regalo.** Para que luego digan que Cleopatra era una mujer despiadada...

El caso es que (¡oh, sorpresa!) aquello no le hizo ni pizca de gracia a Julio. Pompeyo había sido su yerno y una persona a la que apreciaba, y saber que lo habían asesinado y deshonrado fue demasiado. Ptolomeo XIII no debió de entender muy bien por qué Julio le echaba un tremendo rapapolvo nada más llegar a Alejandría; pero Cleopatra (que estaba acampada con sus huestes en el delta del Nilo) sí lo entendió: aquella reacción demostraba que César, a diferencia de su hermanito, tenía una faceta íntegra y justa. Y eso, además de su estatus, lo convertía en un formidable aliado.

«Convencerlo de que se una a mi bando no debería ser muy difícil —pensaría Cleopatra—. Solo debo presentarme en palacio y demostrarle que soy mejor dirigente que el mocoso rebana cabezas».

El único inconveniente del plan es que **Cleopatra no podía entrar a cara descubierta; si su hermano la encontraba, la ejecutaría**. Y aquí es donde entra el episodio de la alfombra que habrás visto en decenas de películas y obras de arte, pero que nace de una deficiente traducción.

Plutarco fue el encargado de narrar este encuentro en *Vida de César* (un texto que, por cierto, es más fantasía que biografía), y relata cómo **Cleopatra llegó a los aposentos de Julio metida en un στρωματόδεσμον** (se pronuncia *stromatodesmon*) que cargaba su sirviente Apolodoro. Esta palabra viene de στρῶμα (*stroma*), que significa «ropa de cama», y δεσμός (*desmos*), «atadura», así que, si hacemos caso de lo que dice Plutarco, Cleopatra habría entrado de extranjis en una especie de saco para la ropa sucia de cama (lo que tiene más sentido, aunque sea menos teatral).

Se ha debatido mucho sobre la posibilidad de que este στρωματόδεσμον fuera, en realidad, un atuendo demasiado sencillo para una reina, y que **Cleopatra hubiera entrado a palacio disfrazada de criada**, con un vestido cualquiera, sin adornos ni confección; como un saco. No tenemos manera de comprobarlo, pero, personalmente, lo veo muy factible.

Sea como sea, parece que César quedó sorprendido por su ingenio e impresionado con su valentía (a ver, Cleopatra podría haber enviado a un emisario en su lugar, y sin embargo decidió meterse en la boca del lobo), así que acabó exigiendo a Ptolomeo XIII que gobernara con su hermana.

La respuesta del muchacho, que ya rondaba los quince años, fue tener una rabieta y sitiar el palacio en lo que hoy se conoce como «sitio de Alejandría», ocurrido entre diciembre del 48 a. C. y enero del 47 a. C. Obviamente, esto solo sirvió para enfurecer más a Julio y afianzarlo en la facción de Cleopatra.

Cuando las tropas y aliados romanos entraron en acción, a Ptolomeo XIII no le quedó otra que escapar y, en un infructuoso intento por cruzar el Nilo, se ahogó.

Ese mismo año, Cleopatra fue proclamada reina junto con su hermano Ptolomeo XIV, al que sucedería Cesarión en el 44 a. C.

Cleopatra se mantendría en el poder hasta agosto del 30 a. C., momento de su suicidio, que también está plagadito de bulos. Pero eso es otra historia.

Capítulo 8:

DERECHOS FEUDALES Y MUJERES VIRGINALES

Antes de zambullirnos en este capítulo, vamos a hacer un truquito de magia. **¿Te parece?**

Coge un papel (puede ser del tamaño y color que quieras). Dóblalo por la mitad y busca un bolígrafo rojo. Ahora, anota en una de sus carillas todas las palabras que se te ocurran al pensar en la Edad Media. Venga, te doy unos minutos.

…

¿Listo?

Dobla el papel sobre sí mismo, pero dejando todo lo que has escrito en el lado interno. Pásalo por tu frente tres veces y repite estas palabras: «Tiguitus pigitus, alakazán, la Gorgo adivinará lo que acabo de anotar».

Ahora, con mis poderes de historiadora mindundi, voy a recibir una imagen clara de lo que has escrito.

A ver, a ver…

Ya me viene…

Parece que sí…

Hum…

Oye, ¿eso es una B o una V?

...

¡Vamos a tener que mejorar esta caligrafía, eh!

...

Parece que has escrito algo sobre caballeros... ¿Dragones?... Ah, no, princesas... Mencionas suciedad y falta de higiene... Enfermedades... Guerras... Has puesto «brutos e ignorantes», ¿o estoy leyendo mal?

Bueno, si no he acertado ninguna es porque estamos demasiado lejos y se interrumpe la conexión histórico-telepática, pero si he atinado déjame decirte... ¡TACHÁN!

El secreto tras este «increíble» truco, digno de David Copperfield, es recurrir a los estereotipos que rondan en el imaginario de medio mundo.

La Edad Media tiene muy pero que muy mala fama, y la mayor parte de la población se imagina este periodo histórico como un momento desolador, lleno de opresión, desgracias e ignorancia; cuando, en realidad, no fue una época peor que otras.

¿CÓMO SURGE LA MALA IMAGEN DE LA EDAD MEDIA?

Si hacemos un eje cronológico, comprobarás que la Edad Media queda justo entre la Edad Antigua y la Edad Moderna. Es decir, del 3.500 a. C. al 476 d. C. tendríamos la Edad Antigua (en la que englobamos las civilizaciones mesopotámica, egipcia, griega y romana), del 476 d. C. al 1492 estaría la Edad Media, y del 1492 al 1789, la Edad Moderna.

Algo que debes tener muy presente cuando estudies o leas sobre una etapa histórica concreta es que su contexto (en especial, los acontecimientos que ocurren durante ese periodo) le aportan características muy específicas. Por ejemplo, si echas un vistazo al capítulo «Una odisea de esclavos y látigos», verás que los tipos de tumbas reflejan cambios entre las dinastías egipcias. Pues lo mismo ocurre cuando hablamos de periodizaciones históricas más amplias.

UNA DE LAS PECULIARIDADES MÁS INTERESANTES DE LA EDAD MEDIA EUROPEA ES QUE IMPERA EL TEOCENTRISMO, UNA CREENCIA QUE SITÚA AL DIOS CRISTIANO COMO CENTRO DE TODO. LOS HABITANTES DEL MEDIEVO CREÍAN A PIES JUNTILLAS QUE TODO DEPENDÍA DE SU DIOS; TODO CUANTO OCURRÍA RESPONDÍA A UN PLAN DIVINO Y, POR TANTO, PODÍA EXPLICARSE A TRAVÉS DE LA RELIGIÓN.

Como supondrás, esta línea de pensamiento provocó que la Iglesia tuviera un enorme poder sobre la educación, la política, la sociedad..., incluso el arte. Los dos estilos artísticos por antonomasia serán **el románico** (desarrollado entre los siglos XI y XIII) y **el gótico** (siglos XII a XVI) cuyas representaciones arquitectónicas, escultóricas y pictóricas se centrarán, por norma general, en episodios sagrados, priorizando el mensaje místico sobre el diseño o las proporciones. **Vamos, que en la Edad Media no importa que el dibujo sea bonito, sino religiosamente educativo.** Esto, que *a priori* te parecen datos meramente introductorios, es extremadamente importante para entender la mala fama de la Edad Media.

Cuando los **artistas italianos del siglo XV** descubrieron los primeros vestigios arqueológicos de la cultura grecolatina, casi les explotó la cabeza. La elegancia, la armonía y la simetría del canon antiguo les deslumbraron y no pudieron evitar hacer comparaciones con los mil años de historia del arte que separaban el final del Imperio romano con el siglo XV. Finalmente, **llegaron a la conclusión de que la cultura medieval era una caca, porque solo una sociedad subdesarrollada, ignorante y decadente habría** obviado el esplendor griego y romano para crear obras sin volumen y con tendencia al hieratismo (o séase, que los personajes representados estaban tiesos como palos y faltos de expresividad).

Para distanciarse del arte medieval y «recuperar» el esplendor grecolatino, **los artistas italianos empezaron a imitar el estilo y los temas mitológicos de la Antigüedad, dando lugar a la *rinascita italiana*** (más conocida como **Renacimiento**).

¡Hala! La semilla de la mala fama medieval ya estaba plantada. Ahora solo quedaba regarla un poquito para que creciera. Y eso será obra de la Ilustración.

¿QUÉ ES ESO DE LA ILUSTRACIÓN? ¿NO ES UN TIPO DE DIBUJO?

No, no es esa clase de ilustración. En este caso, me refiero a un movimiento filosófico, cultural e intelectual que se desarrolló en Europa a partir del siglo XVIII, y que promovía el liderazgo nacional, el raciocinio, la educación y la ciencia. **Los ilustrados consideraban que solo el conocimiento podía iluminar nuestro futuro** (de ahí que el siglo XVIII suela denominarse «Siglo de las Luces»), y que para progresar debíamos apostar por el antropocentrismo. ¿Recuerdas que antes hablamos sobre el teocentrismo y dijimos que el dios cristiano era el centro del mundo medieval? Bueno, pues **los ilustrados opinan que es el ser humano quien debe situarse en el centro de todo.** ¿Y cómo se hacía eso, según su criterio? Pues desprendiéndonos de la opresión de las supersticiones y de la religión.

Obviamente, a ojos de los ilustrados, la Edad Media había sido una etapa de atrasos, con gente incapaz de asumir los enormes conocimientos heredados de la cultura grecolatina. Para ellos era como la mayonesa en un bocadillo de pollo: ni pincha ni corta, solo rellena.

Nuestra cultura contemporánea ha heredado todos estos planteamientos negativos sobre el medievo, y es por eso por lo que nos hemos tragado la imagen de una sociedad medieval ignorante y abusiva. En **«¡Ni plana, ni plano!»** te desmentiré lo de la ignorancia, pero de momento vamos a hablar sobre los abusos.

¿CÓMO FUE LA SOCIEDAD MEDIEVAL?

Mira, la sociedad medieval estaba dividida en tres estratos sociales: *oratores*, *bellatores* y *laboratores*. A mí me gusta utilizar la clasificación en latín porque soy una pomposa de cuidado, pero en la mayoría de los manuales verás que se refieren a ellos simplemente como **clero, nobleza y campesinado**.

Si dibujáramos una pirámide para situar la relevancia de cada uno de estos estamentos, veríamos que los campesinos ocuparon la base, trabajando para dar sustento a toda la sociedad medieval. En la cúspide tendríamos al monarca, y en el medio, al clero y a la nobleza. La función del clero era la defensa espiritual del reino (o, lo que es lo mismo, rezar) y la de la nobleza era la defensa militar.

Esta división y la importancia del trabajo agrícola facilitaron la **aparición del régimen feudal**, un sistema político, social y económico

basado en que los *laboratores* explotaran la tierra bajo dominio del clero y la nobleza, y que estos últimos se enriquecieran sin apenas pegar palo al agua.

Para explicarte esto, tenemos que remontarnos al siglo IV, cuando el Bajo Imperio romano vivió uno de sus peores momentos. Había enfermedades, pobreza, hambre, robos, ataques constantes a las fronteras del imperio... Y, aún por encima, el emperador Diocleciano reformó su política fiscal para que los propietarios rurales no tributasen por lo que producían, sino por lo que el Estado consideraba que debían producir. ¡Anda que menuda idea más puñetera!

Ponte en la piel de un humilde vinatero rural del siglo IV al que le dicen que tendrá que contribuir al Estado con impuestos por valor de trescientos kilos de uva. Al principio estás agobiado, pero te convences de que, con mucho esfuerzo, lo conseguirás. El problema es que hay una sequía o una plaga, y solo cosechas cien kilos. ¿Qué pasa entonces? No te creas que te van a reducir los impuestos para adaptarlos a tu situación. ¡No, no, no! Deberás responder con lo que tengas para saldar tu deuda con el imperio. Tus muebles, tu ganado, tu ropa... ¡Lo que haga falta, vamos!

Y pobre de ti si tus tierras quedan cerca de los *limes* (fronteras) del imperio, porque, si no te sangra Diocleciano con los impuestos, lo harán los hambrientos sármatas, vándalos y godos que se cuelan en el territorio escapando de los hunos.

Con este panorama, solo tienes dos opciones: **o emigrar o ceder tus tierras a un terrateniente rico que pueda protegerte militarmente y pagar tus im-**

puestos a cambio de que trabajes para él. Y, como no había sitio adonde marcharse, los pequeños propietarios escogieron la segunda opción.

Con la formación de las **primeras cortes medievales**, estos magnates se convertirán en una élite militar y en parte de la clase dirigente; vamos, en la nobleza. Y los reyes se darán cuenta de que necesitan tenerlos como aliados si quieren mantenerse en el trono. Y... ¿cómo podían hacer esto? Pues «comprando» su lealtad con mercedes o privilegios. Hablando claro: **les otorgaron títulos y tierras que iban de la mano de riqueza y prestigio, y que podían perder si cambiaban de bando o crispaban al monarca.**

GORGO DATO

ESTAS TIERRAS, DENOMINADAS «FEUDOS», SERÁN DEFENDIDAS, EXPLOTADAS Y DIRIGIDAS POR EL NOBLE Y, COMO LOS ALTOS CARGOS ECLESIÁSTICOS SOLÍAN PROVENIR DE FAMILIAS DE LA NOBLEZA, EL CLERO TAMBIÉN POSEERÁ SUS PROPIOS FEUDOS Y VIVIRÁ DE LOS TRIBUTOS DE LOS CAMPESINOS.

Y sí, ya sé que estás acostumbrado a esa imagen de los monjes trabajando en sus huertos y haciendo honor al lema «*ora et labora*» (reza y trabaja), pero lo cierto es que esta regla de ascetismo y trabajo personal solo se aplicaba para las órdenes benedictinas.

¿CÓMO ERAN LOS FEUDOS?

Los feudos se dividían en dos partes: la **reserva señorial** (también llamada *dominicum* o *terra dominicata*), que incluía la fortaleza, los graneros, almacenes, estancias de la servidumbre y recursos de uso común como el molino o los hornos. Y el *massaricium*, un conjunto de parcelas externas que eran trabajadas por los campesinos.

Al igual que pasaba con el ejemplo romano, **los campesinos podían quedarse con una parte de la producción y, a cambio, eran protegidos militar o espiritualmente**, siempre que pagasen al señor con tributos (en especie o dinero) y participasen en las **corveas** (labores en la reserva señorial durante varios días a la semana).

Con el paso del tiempo, **los privilegios de los señores en sus feudos derivaron en una serie de malos usos o abusos de poder contra los campesinos**, que, en muchos casos, se convirtieron en sus siervos. Y he aquí un apunte importante: ninguno de estos abusos de poder era considerado un delito ante la ley, sino un derecho otorgado de manera oficial (he ahí el caso de las Cortes de Cervera en 1202, promulgando el *ius malectractandi* o derecho del señor feudal a maltratar a sus siervos para «educarlos y mantenerlos fieles»). Vamos a mencionar algunos de los abusos feudales que se vivieron en la península ibérica, ¿te parece?

- La *intestia* permitía al señor reclamar un tercio del patrimonio del siervo cuando fallecía sin testamento.

- También hubo casos de **adscripción a la tierra**, lo cual impedía al campesino circular libremente fuera del feudo sin permiso expreso de su señor. Si quería abandonar el lugar, tenía que pagar una «indemnización» conocida como *remensa*.

- Se **responsabilizaba al campesino de todo** cuanto ocurriera en su parcela de cultivo. Si había un incendio, por ejemplo, el *arsia* lo obligaba a compensar económicamente al señor feudal por las pérdidas ocasionadas.

El presunto **derecho de pernada** o *ius primae noctis* se incluiría en este grupo de abusos feudales. Supuestamente, invocando este privilegio, el señor podía pasar la noche de bodas con una mujer virgen recién casada. ¿Recuerdas que antes te dije que los derechos feudales no se consideraban delitos a nivel judicial? Bueno, pues bajo esta premisa el derecho de pernada no se habría considerado una violación.

A VER, QUE TE ENROLLAS DEMASIADO, GORGO: ¿EXISTIÓ O NO EXISTIÓ EL DERECHO DE PERNADA?

Las mujeres hemos sido sometidas a indecibles abusos a lo largo de la Historia, pero **el derecho de pernada no parece haber sido uno de ellos.**

¡Ojo! Entendamos bien este punto: ¿los señores feudales abusaban sexualmente de sus siervas? Sí, y por desgracia no solían ser castigados por ello como merecían. Pero ¿había un derecho feudal que pudieran utilizar para justificar su crimen? No. O, al menos, no que sepamos, porque los registros parecen indicar que el derecho de pernada no existió.

Esto no significa que no hubiera derechos feudales extremadamente abusivos para las futuras novias. **Prepara palomitas, porque lo que te voy a contar sobre la** *tasa de formariage* **(también llamada** *ossa, merchet* **o** *huesas***) es de película.**

Te presento a mi amiga Agnes, una campesina inglesa del siglo XII que vive en el condado de Nottinghamshire. **Agnes** trabaja en el feudo de Langar, pero hace un año conoció a **Milo**, del feudo de Barnstone. **Se han enamorado (¡cosas de la juventud!) y quieren casarse**, pero, además de hablar con ambas familias, tendrán que pedirle permiso al señor del feudo de Langar. Después de una larga explicación y de apelar a su bondad, el señor feudal no se niega (¡menos mal!) pero exige su *merchet*. **¿Y esto qué significa? Pues que Agnes y Milo tendrán que pagarle una compensación**

económica. ¿A santo de qué? Pues porque, para este hombre, el matrimonio de su sierva con alguien externo al feudo supone una pérdida de mano de obra. Y no solo porque Agnes se marchará a vivir con Milo, sino porque los hijos que tengan estarán afincados en Barnstone y no podrán trabajar para él en Langar.

Bueno, chicos, esperemos que la boda no os salga tan cara como la «multa» por enamoraros...

¿QUIÉN INICIÓ EL BULO SOBRE EL DERECHO DE PERNADA?

La primera referencia escrita que tenemos sobre el derecho de pernada la encontramos en «Le conte des vilains de Verson», un poema del año 1247 firmado por el preboste Estout de Goz, de la abadía de Mont Saint-Michel. Aquí se narran las penurias de los campesinos de Verson a manos de un malvado señor feudal que les exigía de todo: **un cerdo en septiembre, pagos por usar el horno en octubre, un pastel en noviembre, varias gallinas en Navidad**... Y, si alguna campesina quería casarse, el muy puñetero reclamaba un alto *merchet* o ejercer su *droit de cuissage* (vamos, el derecho de pernada).

Pero resulta que **este caso aquí narrado no es real**: no existió un señor feudal en Verson que hiciera todo esto. El poema fue una sátira creada como parte de una estrategia de marketing. Sí, sí, has leído bien. Mira, te lo cuento: la abadía de Mont Saint-Michel, que quedaba a un día de distancia de Verson, disponía de su propio feudo, pero no contaba con suficientes campesinos para labrar la tierra. Los monjes necesitaban atraer mano de obra de manera urgente, pero no tenían con qué negociar. ¿Cómo podían convencer a los campesinos de los alrededores para que abandonaran los feudos señoriales y se unieran al feudo de Mont

Saint-Michel? Fue entonces cuando se les ocurrió que, **si los aterroriza-ban mostrando a los señores laicos como unos abusivos cab... ezas huecas, y se representaban a sí mismos como gente maja y comprensiva, aumentaría su número de siervos**. Y parece que la estrategia les funcionó a las mil maravillas, porque a inicios del siglo XIV la producción de la abadía casi se duplicó.

La cara B de esta historia es que **el poema se extendió como la pólvora hasta convertirse en rumor**, y el rumor dio lugar a una bandera roja que había que evitar a toda costa.

Cuando los payeses de remensa (campesinos adscritos a la tierra y sometimos al *ius maletractandi* en Aragón y Cataluña) iniciaron la primera guerra remensa, exigieron terminar con todos los malos usos de los señores, tanto los que conocían de primera mano como aquellos que sabían de oídas.

En 1462 se planteó el **Proyecto de Concordia**, en el que incluyeron una lista de derechos feudales que debían abolirse, y ahí mencionaban el derecho de pernada. Curiosamente, **todos los señores feudales estuvieron de acuerdo en prohibirlo, pero dejaron claro que no sabían de nadie que practicara aquello como derecho feudal.** Vuelvo a insistir: como derecho. Otra cosa es que hubiera señores feudales abusando sexualmente de sus siervas, valiéndose de la fuerza bruta y de su posición social. Cuando esto ocurría, se podía denunciar al señor ante la ley, aunque los jueces no solían ser especialmente propensos a castigar a la nobleza.

Con el final de la segunda guerra remensa (1484-1485), Fernando el Católico firmó la Sentencia Arbitral de Guadalupe de 1486, para abolir oficialmente los malos usos señoriales. Los calificó de iniquidad evidente (es decir, una maldad con todas las letras) y, por petición de los remenses, se incorporó el derecho de pernada en aquella larga lista, por si las moscas. ¿Descendió el número de violaciones a siervas? Es poco probable. Pero **incluirlo como parte del documento les dio la tranquilidad de saber que, al menos, el abuso sexual seguiría siendo una agresión imputable y condenable.**

Capítulo 9:

¡BASTA DE CASCOS CON CUERNOS!

Se ha dicho de todo sobre los vikingos: que usaban los cráneos de sus enemigos para beber hidromiel, que se dedicaban únicamente a saquear y matar, que eran unos guarretes... Pero el peor de todos los bulos, el que provoca infartos y desmayos entre nosotros los historiadores, es el de **los cascos con cuernos**. En serio, cada vez que los usas para disfrazarte de vikingo, uno de nosotros muere. Por favor, no lo hagas más, que a este paso nos convertiremos en una especie en peligro de extinción.

GORGO DATO

LAS EVIDENCIAS ARQUEOLÓGICAS DEMUESTRAN QUE LOS CASCOS VIKINGOS HABRÍAN SIDO MAYORITARIAMENTE PIEZAS SENCILLAS: DE FORMA REDONDEADA O CÓNICA, SIN CARRILLERAS (ES DECIR, SIN CUBRIR LAS MEJILLAS), PERO CON UNA PROTECCIÓN OCULAR Y NASAL. EN GENERAL, ASUMIMOS QUE SU FORMA ERA PARECIDA A LA DE UN *SPANGENHELM* (VENGA, GOOGLEA EL TÉRMINO, QUE TE MUERES DE GANAS).

Eso sí, es probable que, para los individuos de mayor estatus, el yelmo fuera un pelín más elaborado e incluyera *brynja* o *hringserkr* (vamos, cotas de malla). Ya que tienes el buscador a mano, introduce las palabras **«casco de Gjermundbu»**. Ahora que has conseguido escribirlo bien después de dos intentos fallidos, dime: ¿a que es chulo? Pues **es uno de los mejores ejemplos que tenemos de casco vikingo**. Data de finales del siglo IX y principios del siglo X y se realizó a partir de tiras de metal remachadas entre sí. ¿Ves esa especie de antifaz que lleva? Es la protección ocular y nasal que te mencionaba antes.

Ahora que tienes claro cómo es un casco vikingo de verdad, vamos a sumergirnos en el meollo de este bulo para comprender por qué puñetas acabamos creyendo que llevaban cuernos adheridos. Lo primero es lo primero: me juego una napolitana de chocolate a que no sabes qué es un «vikingo».

LOS VIKINGOS ERAN UN PUEBLO QUE HABITABA ESCANDINAVIA DURANTE LA EDAD MEDIA.

¡Meeeeeec! ¡Error!

Utilizar el término «vikingo» como gentilicio es un fallo muy común y que hemos heredado del siglo XIX. Pero no te sientas mal por haber caído de lleno en la trampa; con que me envíes la napolitana, es suficiente.

El **término «vikingo»** no se creó para hacer referencia a la nacionalidad del sujeto, sino a una **profesión estacional y puntual**. Dime una cosa: si ahora mismo yo te preguntara de dónde eres, ¿me responderías con tu profesión? ¿A que no me dirías «Soy policía» o «Soy recepcionista»? Pues, por la misma razón, no podemos utilizar la palabra «vikingo» como si fuera una denominación de origen.

GORGO DATO

EL *VÍKINGR* SE UNÍA A INCURSIONES EN TIERRAS EXTRANJERAS UN PAR DE MESES AL AÑO, SAQUEABA UN POQUITO, Y RETOMABA SU OCUPACIÓN ORDINARIA COMO GANADERO, HERRERO O ARTESANO CUANDO VOLVÍA A CASA. DIGAMOS QUE ERA COMO UN TRABAJILLO DE VERANO.

Ahora bien: si queremos referirnos a los habitantes medievales de las regiones septentrionales de Europa, que compartían una cultura y lengua comunes desde los países escandinavos (Noruega, Dinamarca y Suecia) hasta las islas del Atlántico Norte (como Islandia), hablaremos de **nórdicos, pueblos nórdicos, o *Norskr*** si queremos usar el término antiguo. En muchos manuales, verás que también se refieren a ellos como **escandinavos**, al ser esta la región originaria de la diáspora vikinga, por lo que puedes usar este término si te resulta más cómodo.

Para resumir, diremos que **no todos los nórdicos eran vikingos pero sí que todos los vikingos eran nórdicos**.

¿CUÁNDO APARECEN LOS VIKINGOS?

Esta es la pregunta que todo el mundo me hace cuando descubre la diferencia entre vikingo y nórdico. A ver, tengamos una cosa clara: los vikingos no aparecieron de pronto ni por arte de magia, como un champiñón del *Mario Bros*.

Al hablar de la desaparición de los neandertales en el capítulo «Ni brutos ni más tontos que una piedra», quedó claro que necesitábamos tener en cuenta un variadito de circunstancias, ¿no? Pues con la incidencia de los vikingos pasa exactamente lo mismo: nos toca entender los **múltiples cambios socioeconómicos que condicionaron el modo de vida de los pueblos nórdicos**.

Antes del siglo VIII (cuando se da inicio a las primeras incursiones por parte de los vikingos), los pueblos nórdicos tenían una amplia red de comercio. Los yacimientos y talleres de orfebres, llenos de objetos provenientes de regiones muy lejanas como granates de Sri Lanka, conchas de cauris de Arabia y pieles de lagarto de Bengala, nos demuestran que **formaban parte de una amplia red comercial**. Incluso los **romanos**, que consideraban a los nórdicos un pueblo bárbaro, comerciaban con ellos; de hecho, en Hellvi (Gotland) los arqueólogos hallaron en 2011 una máscara de caballería romana datada del siglo II, pero en un yacimiento nórdico del siglo VI.

Saber que existían estos intercambios y conexiones económicas es extremadamente importante porque nos permite entender **cómo pudo afectarles la caída del Imperio romano de Occidente en el 476**.

Y es que la desaparición del entramado jerárquico que habían creado los romanos provocó que surgieran nuevas esferas políticas. En el caso de los *Norskr*, **el poder se centralizó en una élite militar** de caudillos que, tiempo después, sentaría las **bases para un gobierno monárquico**. ¿Y qué nos importa esto para entender la aparición de los vikingos? ¡Pues mucho! Porque, cuando hay una élite viviendo bien, suele haber otro grupo que queda debajo, oprimido, viviendo peor, pagando tributos y buscándose la vida para sobrevivir. Por no hablar del hecho de que las clases altas también se peleaban entre sí, dando lugar a castigos ejemplares como el destierro, que te obliga a mudarte a territorios desconocidos.

Debes tener claro que Escandinavia nunca tuvo extensas tierras de cultivo, así que la subsistencia ya era lo bastante difícil con todo este panorama cuando, aún por encima, se inició **el caos climático del siglo VI**. En esta época, las erupciones de dos volcanes (concretamente, en los años 536 y 539) bloquearon la luz del sol, afectando negativamente a las cosechas. Y te digo una cosa: para un pueblo que creía que el *Fimbulvetr* (también llamado Gran Invierno) preludiaba el fin del mundo (vamos, el *Ragnarök*), este fenómeno debió de provocar que cundiera el pánico. La situación no mejoró con el tiempo, porque en el siglo VIII sobrevino una ola de calor y sequía que aumentó el hambre.

En resumidas cuentas, tenemos un contexto histórico adverso de narices en el que las actividades habituales (ganadería, artesanía y comercio) eran insuficientes para sobrevivir. ¿Consecuencia? **El saqueo se convierte en un extra inevitable.**

¿POR QUÉ LOS NÓRDICOS QUE SAQUEAN DECIDEN LLAMARSE «VIKINGOS»? ¿QUÉ SIGNIFICA?

Me temo que la etimología del término no está clara. Hay muchísimas hipótesis al respecto, pero los historiadores solemos aceptar la teoría de que procede del nórdico antiguo **«vík»**, que significa «bahía», por lo que los vikingos serían **«las gentes de la bahía»** (grupos de personas que llegaban al abrigo de la costa, preparados para atacar).

Pero el análisis del término en inglés antiguo (*«wicing»*) también tiene su intríngulis: normalmente se relaciona con la raíz **«wic»**, que designa un campamento temporal en la costa. En los textos del monje Adrevaldo (año 877) se describen campamentos vikingos montados en la ribera de las zonas atacadas, donde descansaban, reparaban las armas y atendían a sus heridos tras las incursiones.

¿Y esa cara que has puesto? ¡Ah! Ya sé, te imaginabas que las razias vikingas afloraban de manera espontánea, ¿no? Que una mañana Yngvar el Viajero se levantó y les dijo a sus colegas: **«Chicos, hoy me apetece saquear, ¡vamos a coger un barco!».** Pues no. Las incursiones necesitaban preparación y, sobre todo, información.

Los vikingos escogían sus objetivos con esmero, empleando la información que tenían de sus contactos comerciales previos o de espías que enviaban para inspeccionar la zona.

Durante las primeras incursiones (que normalmente englobamos entre el 789 y el 805), los monasterios fueron uno de sus objetivos principales porque sabían que estaban desprotegidos militarmente, llenos de oro y plata (en forma de cálices y reliquias sagradas), y con una buena reserva de alimentos. Vamos, ¡el sitio ideal para un saqueo!

El **ataque al monasterio de Lindisfarne en el 793** suele considerarse **el inicio de los saqueos en tierra inglesa**, pero quiero que tengas presente que ya había registros de incursiones vikingas desde cuatro años antes. Esto es muy importante porque, cuando analizamos las crónicas del siglo VIII, comprobamos que las propias víctimas distinguían entre el vikingo al que llamaban **«wicinga»** o **«wælwulfa»** («lobo sediento de sangre») y los nórdicos que se habían quedado en su casita tan ricamente, continuando con sus actividades comerciales, a los que denominaban **«Deniscan»** («daneses») y **«Norpmen»** («nórdicos»).

¿POR QUÉ EMPEZÓ A USARSE MAL LA PALABRA «VIKINGO»?

Con el fin de la época vikinga alrededor del año 1100, el término «vikingo» fue desapareciendo. No me mires así, que el vocabulario del que disponemos va cambiando según el uso. A veces se añaden palabras, como «mamitis», y otras desaparecen, como ocurrió con «cocadriz» (que, por si no lo sabes, fue el femenino de «cocodrilo» indicado por la RAE entre 1933 y 1936).

Cuando terminó la era de saqueos e incursiones, el término «vikingo» ya no tenía utilidad, así que **quedó en desuso hasta el siglo XIX**, cuando algunos eruditos empezaron a interesarse por la historia medieval de la Europa central y septentrional. El problema es que no fueron muy rigurosos que digamos y **convirtieron el vocablo en un sinónimo de «cultura nórdica»**. Consideraron que todo objeto, representación o cultura material anterior al siglo XII era vikingo. Y esto es un pedazo de problema de cara a las dataciones porque, en realidad, la era vikinga solo ocupa el lapso de tiempo entre el año 793 y el 1100 de nuestra era.

¿CUÁNDO SURGE EL BULO DE LOS CASCOS CON CUERNOS?

Uno de los primeros señores en equivocarse con el tema de las dataciones y dar forma al bulo de los cuernos fue Axel Emanuel Holmberg. Este sacerdote decidió «analizar» los petroglifos de Bohuslan (Suecia) en 1840 y llegó a la conclusión de que eran vestigios de la era vikinga cuando, en realidad, pertenecen a la Edad del Bronce nórdica (entre el 1750 a. C. y el 500 a. C.). Vamos, que tienen tanta relación como un huevo y una castaña.

Estas **representaciones prehistóricas incluían algunas figuras antropomorfas con astas**, así que Holmberg asumió que se trataba de **guerreros vikingos con cornamentas de buey adheridas al casco**. Por desgracia, su teoría quedó preservada en la obra *Nordbon under Hednatiden* (*Residentes del norte durante la época pagana*), un libro que será utilizado como referente por los aficionados durante el siglo XIX e inicios del XX.

Otro horror y error garrafal que reforzó la teoría de los cascos con cuernos fueron los yelmos rituales de Viksø, encontrados en 1942 en un pantano en Brøns Mose (Dinamarca). **Estas piezas se catalogaron como cascos vikingos cuando, en realidad, eran de finales de la Edad del Bronce nórdica** (concretamente, del 900 a. C.). Y, aunque es cierto que tenían cuernos en forma de S, ni siquiera estaban pensados para la lucha. Estos cascos tenían una finalidad votiva; es decir, fueron objetos diseñados para servir como ofrenda o regalo a los dioses.

GORGO DATO

PERO, SI TUVIÉRAMOS QUE BUSCAR EL GOLPE DE GRACIA DE ESTE BULO, ESE SUCESO QUE INCRUSTÓ LA IMAGEN DE LOS VIKINGOS CON CUERNOS EN EL IMAGINARIO DE MEDIO MUNDO, TENDRÍAMOS QUE HABLAR DEL TRABAJO DE CARL EMIL DOEPLER.

Es probable que este nombre no te diga nada de primeras, pero Carl fue el diseñador de vestuario de un famosísimo ciclo de óperas épicas: *El anillo del nibelungo*, de Richard Wagner. Inspirándose en las sagas nórdicas y un poema alemán del siglo XIII, Wagner creó una tetralogía de óperas: *El oro del Rin* (*Das Rheingold*), *La valquiria* (*Die Walküre*), *Sigfrido* (*Siegfried*) y *El ocaso de los dioses* (*Götterdämmerung*). Y no, no me digas que no te suena de nada, porque hay un fragmento que has oído miles de veces en el cine y hasta en anuncios televisivos. Venga, haz el favor y pon «Cabalgata de las valkirias» (*Walkürenritt*) en YouTube. Aquí te espero.

¿A que ahora ya la identificas? Bueno, pues la «Cabalgata de las valkirias» es la apertura del tercer acto de la ópera *La valquiria*. Ya que estás, déjala de fondo para leer el resto del capítulo, que le da ambientillo a la narración.

El caso es que corría el año 1876 y Doepler quería impresionar al público. Necesitaba una puesta en escena que dejara a todos pasmados y que, al mismo tiempo, mostrase la fiereza de los personajes nórdico-germánicos de Wagner. **Así que leyó a Holmberg y... ¿qué se le ocurrió? ¡Pues cascos con cuernos!** Confeccionó tocados con cuernos de búfalo, de alce y de cabra montesa, e hizo que los cantantes ensayaran con ellos para elegir la opción más vistosa. ¿Te imaginas al pobre barítono que hace de Gunther, encogiendo el cuello y sujetando los cuernos como podía para evitar una tortícolis? Quiero pensar que Doepler se dio cuenta de que pesaban demasiado y que por eso eligió hacerlos con cuernos de vaca.

Todo el mundo parecía entusiasmado con la elección del vestuario **(si no lo estaban, fingían de maravilla)**, a excepción de Cosima Wagner. La esposa del compositor se mostró reacia desde el principio y llegó a decir que, así vestidos, parecían jefes indios. Por supuesto, nadie la escuchó, y los vikingos salieron a escena con los enormes yelmos cornudos.

El éxito fue rotundo y la ovación general dio paso a un entusiasmo casi enfermizo por perpetuar la imagen de los vikingos de Doepler.

ENTONCES ¿LOS CUERNOS NO TENÍAN NINGUNA UTILIDAD PARA LA CULTURA NÓRDICA?

A ver, ¡tampoco los descartes así como así! Que no se utilizaran para adornar los yelmos no significa que fueran inútiles.

Hasta donde sabemos, **los cuernos habrían estado presentes en la vida de todo el pueblo nórdico**, pero con dos usos muy distintos. El primero, **como vaso** en ocasiones especiales, celebraciones o rituales. En muchas estelas podemos comprobar este uso sagrado; por ejemplo, en la piedra de Tjängvide, en la que una mujer ofrece un cuerno de bebida al dios Odín, que aparece montado sobre Sleipnir (su caballo de ocho patas).

El segundo uso sigue siendo motivo de discusión, pero yo te lo cuento. Los vestigios arqueológicos con respecto a la ropa nórdica nos resultan un tanto escasos, aunque de momento nos hacen suponer que **estas gentes no**

tenían bolsillos. Algunos de mis compañeros historiadores han propuesto el uso de bolsas de tela para suplir esta carencia, y otros mencionan los cuernos de cabritillos (bien sellados y colgados de la cintura) **para guardar objetos pequeños, así como ungüentos y remedios medicinales**.

Capítulo 10:

CUANDO BRAVEHEART NO EXISTÍA

Estoy bastante segura de que, en alguna ocasión, has visto la película de *Braveheart* (1995) —si no entera, al menos algún que otro fragmento—, en la que aparece Mel Gibson interpretando a **William Wallace**. Este héroe escocés se nos presenta como un hombre de baja alcurnia, con la cara pintada de azul, un *kilt* en la cintura y la espada lista para liderar a sus compatriotas contra el opresor Eduardo I de Inglaterra. Es una película muy entretenida, qué duda cabe, pero tiene poco que ver con la realidad histórica.

Y no es de extrañar, porque está inspirada en **«The Actes and Deidis of the Illustre and Vallyeant Campioun Schir William Wallace»** (que, por razones obvias, se abrevió a «The Wallace»). En este poema épico de 1488 atribuido al bardo escocés Blind Harry (Harry el Ciego), se narran las **apoteósicas aventuras de William Wallace contra los ingleses**. Por supuesto, no es una fuente fidedigna de los hechos; a excepción de algunas descripciones sobre la batalla del puente de Stirling y la batalla de Falkirk, podríamos decir que **es un 95 por ciento de ficción**. Pero es que, con una distancia temporal de 183 años desde los hechos acaecidos, tampoco podemos pedirle peras al olmo.

Los hechos narrados en este poema, que inicialmente era una simple conmemoración heroica, se expandieron y mitificaron hasta convertirse en un auténtico bulo pensado para ensalzar las hazañas de Wallace. **A estos bulos llenos de anacronismos y con detalles inventados de oídas** suelo llamarlos cariñosamente BULO POP porque aparecen de pronto (casi saltan, como las palomitas de maíz), atraen la atención del público y se asientan en el imaginario popular como si fueran una verdad indiscutible.

GORGO DATO

Y TAL VEZ TE PAREZCA QUE UN BULO PENSADO PARA MEJORAR LA IMAGEN DE UN HÉROE NACIONAL NO TIENE NADA DE MALO, PERO LO CIERTO ES QUE AFECTA NEGATIVAMENTE A SUS COETÁNEOS. EN ESTE CASO, A WALLACE SE LE HAN ATRIBUIDO CARACTERÍSTICAS DE OTRAS FIGURAS DE LA REBELIÓN, COMO ANDREW MORAY Y ROBERT THE BRUCE, QUE HAN QUEDADO RELEGADOS A UN INMERECIDO SEGUNDO PLANO.

¿QUIÉN ERA REALMENTE WILLIAM WALLACE?

Wallace nació en 1270 en el seno de una familia de terratenientes; es decir, que no era un pobre granjero ni una persona humilde, sino un miembro de la nobleza. Como propietario de vastos campos agrícolas al sur de Glasgow y en la zona de Ayrshire, Wallace recibió una esmerada formación militar y es bastante probable que participara como arquero del ejército de Eduardo I cuando este luchaba contra Gales. Vamos, que **no siempre estuvo en contra del monarca inglés**.

Hasta donde sabemos, Wallace pasó la mayor parte de su juventud tranquilito. Pero, a los veintisiete años, asesinó a William de Heselrig, el sheriff inglés de Lanark. En la versión de cine y en la revisión del poema de Blind Harry de 1508, la motivación para este homicidio es la **venganza**: Marion Braidfute, la supuesta esposa de Wallace, se habría negado a cumplir con el derecho de pernada y acabó siendo asesinada por orden del sheriff. A ver, para emocionar al público, es un giro de guion estupendo, pero te adelanto que es totalmente falso. Primero porque ya vimos en el capítulo «Derechos feudales y mujeres virginales» que el derecho de pernada no existió como tal; y, segundo, porque no tenemos ni una sola referencia a Braidfute en registros oficiales. A menos que todos se hayan quemado o perdido (¡que ya sería casualidad!), lo más lógico es pensar que **Marion fue un personaje inventado** para darle vidilla a la motivación guerrera de Wallace y cumplir con los intereses dinásticos de alguna familia rica (esto lo tienes explicado en el apartado «Aclaraciones por capítulos»).

Entonces ¿por qué mató a De Heselrig? Pues, probablemente, porque **el sheriff se pasó de la raya con Wallace o con alguien de su entorno.** Quizá ordenó que se azotara a uno de sus parientes por no cumplir debidamente con los tributos, restringió su poder como terrateniente o lo humilló al estilo de Calígula con Querea; sea como sea, Wallace se cabreó y decidió tomarse la justicia por su mano.

En la *Scalacronica*, una crónica escocesa escrita por Thomas Gray, se explica cómo fue el asesinato (¡lástima que no se mencionen los motivos para sacarnos de dudas!). Nos dice que, en el mes de mayo, Wallace acudió a Lanark y encontró a De Heselrig en compañía de Thomas Gray padre y que, tras una pequeña contienda, Wallace hirió al sheriff, lo desarmó y, sin pensarlo demasiado, lo destripó.

A partir de este incidente, y mientras se corre la voz de lo ocurrido, a Wallace le toca ocultarse en el bosque de Ettrick para eludir a la justicia. Y es que, **en un primer momento, Wallace no tenía interés en liderar al pueblo contra Inglaterra.** Su prioridad era ocultarse para salvar el pellejo (a ver, lo que habríamos hecho todos, seamos sinceros). **Fueron los propios escoceses quienes se presentaron a su servicio, convencidos de que el asesinato había sido un acto de desafío contra el rey Eduardo.**

¡Allá que voy!

Alejandro III había reinado en Escocia entre 1249 y 1286, pero, al morir (por cierto, tuvo una muerte muy desafortunada: cabalgaba en medio de una tormenta cuando su montura se asustó, lo tiró al suelo y el pobre se abrió la cabeza cual melón), los derechos sucesorios pasaron a su nieta Margarita, infanta de Noruega. Y ya sabemos lo que solía pasar en Europa con las mujeres destinadas a gobernar, ¿no? ¡Las casaban! Porque ¿cómo iba una señora a gobernar ella solita? En fin...

Como supondrás, Eduardo I de Inglaterra vio aquí la oportunidad de anexionarse Escocia, así que firmó un pacto con los guardianes de la Corona (un grupo de nobles encargado de administrar el país hasta que Margarita llegara a la mayoría de edad) para casarla con su hijo Eduardo II.

Pero, ¡oh, destino inesperado!, en 1290 la niña murió súbitamente y Escocia quedó sin heredero.

GORGO DATO

POR CIERTO, LA MUERTE DE MARGARITA NO ESTUVO EXENTA DE RUMORES. SABEMOS QUE FALLECIÓ A LOS SEIS DÍAS DE INICIAR LA TRAVESÍA DE BERGEN A ESCOCIA, PERO DESCONOCEMOS LA CAUSA EXACTA. HAY QUIEN ESPECULA CON LA EXISTENCIA DE UNA FACCIÓN ESCOCESA (CONTRARIA A LA ALIANZA CON INGLATERRA) QUE HABRÍA ENVENENADO A LA PEQUEÑA DONCELLA PARA EVITAR EL MATRIMONIO CON EDUARDO II. POR SUPUESTO, Y TENIENDO EN CUENTA QUE EL TRATADO DE BIRGHAM ASEGURABA LA INDEPENDENCIA GUBERNAMENTAL DE AMBOS PAÍSES, ESTA CONJETURA ES POCO PROBABLE PERO... ¿A QUIÉN NO LE GUSTA UN COTILLEO ESCOCÉS DEL SIGLO XIII?

¿Y qué paso? Pues que salieron nobles hasta de debajo de las piedras para reclamar el trono.

En fin, el caos sucesorio estaba servido.

De entre todos los «voluntarios», las dos grandes familias enfrentadas y con más apoyos fueron los Bruce y los Balliol, descendientes de David I de Escocia, que había reinado allá por 1124. Y, como no había manera de decidirse, Juan de Balliol tiró de medidas desesperadas: juró lealtad a Eduardo I de Inglaterra a cambio de tener su apoyo en la sucesión. Lo que se traduce en «Si Juan no tiene la corona, habrá guerra con el país vecino». Juan, chiquillo, la has liado parda, y todavía no lo sabes...

En vista de la situación, el 17 de noviembre de 1292, Juanillo fue coronado como Juan I de Escocia. El nuevo rey empezó a sospechar que había metido la pata cuando vio que Eduardo no le permitía tomar decisiones por sí mismo; vamos, es que prácticamente tenía que pedirle permiso hasta para mea...terse en la cama. Juan intentó hacer frente al monarca inglés, claro, y solo consiguió desatar una guerra. En 1296, tras la batalla de Dunbar, Juan fue apresado y forzado a abdicar, con lo que Eduardo pudo reclamar Escocia.

GORGO DATO

SI AL HECHO DE HABER PERDIDO SU INDEPENDENCIA, LE SUMAMOS QUE EDUARDO CARGABA CON ALTÍSIMOS IMPUESTOS A LOS ESCOCESES, NO ES DE EXTRAÑAR QUE A PARTIR DE 1297 SURGIERAN CIENTOS DE REBELIONES CONTRA EL PODER INGLÉS. Y AQUÍ ENTRARÍAN WALLACE Y EL BUENO DE ANDREW MORAY. UNIENDO SUS FUERZAS, MORAY Y WALLACE RECUPERARON GRAN PARTE DEL CONTROL ESTATAL Y FUE EN ESTE MOMENTO CUANDO OCURRIÓ LA FAMOSA BATALLA DEL PUENTE DE STIRLING, QUE TUVO MUCHO DE POTRA Y POCO DE TÁCTICA.

¿QUÉ FUE LA BATALLA DEL PUENTE DE STIRLING?

En septiembre de 1297, Eduardo estaba a punto de estallar de la mala leche. Para él debió de ser una sorpresa muy desagradable **perder gran parte de Escocia a base de pequeñas razias**. Así que mandó al conde de Surrey a Stirling, donde Wallace, Moray y sus hombres planeaban el siguiente ataque. Tienes que saber que, por aquel entonces, Stirling era la puerta de entrada a las Tierras Altas y un punto estratégico si querían recobrar el control de todo el país.

Al conde lo acompañaba Hugh de Cressingham, tesorero real y un auténtico grano en el culo. Me vas a perdonar por este lenguaje, pero es que Hugh le caía mal a todo el mundo. Y normal, porque tenía por costumbre despellejar a aquellos que no cumplían a tiempo con el pago de tributos. Vamos, que era una joya el muchacho...

Aconsejado por De Cressingham, Surrey ordenó tomar el camino más rápido hacia el campamento escocés, lo que supuso atravesar el río Forth utilizando el puente de Stirling. De buenas a primeras puede parecer un buen plan, pero es que este puente de madera era tremendamente estrecho. Tanto que no daba opción a retirada ni a acelerar el paso.

Así que **los soldados ingleses desfilaron de dos en dos con Moray y Wallace esperando al otro lado del puente, preparados para matarlos a medida que cruzaban**. ¡Es que fue un chollo bélico en toda regla!

Se estima que alrededor de cien jinetes y cinco mil soldados de infantería murieron en las filas inglesas antes de que Surrey se retirase hacia Berwick, martirizado por semejante paliza. ¡Ah! Y, si te preguntas qué pasó con De Cressingham, los escoceses se cobraron su venganza despellejándolo (a esto hoy en día se le llama «karma», pero yo lo llamo «beber de tu propia medicina»). La *Crónica de Lanercost* y la *Scalacrónica* aseguran que Wallace utilizó la piel del tesorero para hacerse un cinturón y que el resto de los soldados se guardaron un pedazo como trofeo. Pelín macabro este detalle, también te digo.

Por supuesto, y si tenías alguna duda al respecto, ya te aclaro que **no hubo pintura azul ni *kilts* en estas contiendas**; eso fue un añadido hollywodiense.

Tras la batalla, Moray y Wallace recibieron el título de Guardianes de Escocia, aunque la alegría les duró poco: Moray murió en noviembre por las heridas recibidas en Stirling y Wallace tuvo un tremendo bajonazo. Perder a un amigo, y más a uno como Andrew, que poseía auténtico ingenio para la estrategia militar, fue un mazazo a todos los niveles.

Ocho meses después, la batalla de Falkirk puso en entredicho la capacidad de Wallace para liderar la revuelta. Tal vez fuera la falta de Moray o la muerte de otro amigo (John de Graeme), pero Wallace se quedó paralizado y no supo reaccionar a tiempo cuando los arqueros ingleses destrozaron su formación. Fue una auténtica masacre para el bando escocés.

Wallace renunció entonces a su título de Guardián y se marchó del país durante seis años.

¿CÓMO FUE LA MUERTE DE WILLIAM WALLACE?

Esta parte sí que se parece a la película y al poema de Blind Harry, así que espero que no hayas desayunado demasiado fuerte o puede que te revuelva el estómago.

Cuando Wallace retornó a Escocia en 1305, un noble escocés llamado John Menteith lo entregó al rey Eduardo. El 5 de agosto fue arrestado en Glasgow y el día 23 se le acusó de traición en Westminster Hall. Wallace negó los cargos categóricamente ya que nunca había jurado lealtad a Eduardo I **(¿cómo podían acusarlo de traición si no había rendi-do pleitesía al inglés?)**. Pero, como aquello no era un juicio de verdad, sino una pantomima para condenarlo a muerte, la defensa de Wallace cayó en saco roto.

Aquel mismo día fue ahorcado, destripado, decapitado y descuartizado en Smithfield. Su cabeza se expuso en una pica en el puente de Londres, y sus miembros se repartieron para colocarse en Newcastle, Stirling, Perth y Berwick. **Y te aseguro que no gritaba: «¡Libertad!» mientras lo so-metían a todo este martirio.**

¿DE DÓNDE SALE EL APODO DE BRAVEHEART?

Este sobrenombre es un invento del siglo XIX que ni siquiera tiene rela-ción con William Wallace, sino con Robert the Bruce.

Te suena el nombre, ¿verdad? Normal, porque hemos hablado de su fa-milia un par de páginas antes. En el apartado sobre el contexto histórico, te comenté que las dos grandes casas enfrentadas por el trono escocés eran descendientes de David I de Escocia. Una era Balliol y la otra…, ¡efec-tivamente!, los Bruce. Pues Robert era el nieto de aquel Bruce que se ha-bía peleado con Juan por ser rey.

Para no hacerme pesada contándote toooda su historia (¡bastante me has aguantado ya!), te diré que **Robert fue escalando posiciones en la rebelión con bastante buen ojo**: se sumó a la revuelta con apenas veintidós años, **tras la muerte de Wallace fue el encargado de liderar a las tropas**, en 1306 **lo coronaron rey** y en 1314 (en la batalla de Bannockburn) **recuperó la independencia de Escocia**. Oye, hay que reconocer que el chiquillo hizo muy bien su trabajo.

Cuando Robert murió (el 7 de junio de 1329) pidió a su mejor amigo, sir James Douglas, que llevara su corazón a Tierra Santa. Ya sé que te parece extraño, pero en aquella época era habitual que los monarcas pidieran cosillas así cuando querían expiar sus pecados y asegurarse de no ir al infierno. Así que James empezó el pedazo de viaje y decidió hacer una paradita en España para luchar junto con Alfonso XI de Castilla contra el reino nazarí de Granada. ¿Qué te puedo decir? **Hay quien hace turismo gastronómico, y luego está el que solo quiere liarla a espadazos.**

Se dice que en la batalla del castillo de la Estrella, en Teba (Málaga), se encontró cercado por el enemigo. Al parecer, había caído en la famosa trampa benimerín del *karr wa-farr* (o *torna e fuye*), en la que se finge huir para propiciar una persecución y luego los perseguidores son emboscados. En un movimiento completamente inesperado, sir James lanzó el relicario con el corazón de Robert contra los musulmanes mientras gritaba «*Onward Braveheart, Douglas shall follow thee or die*» (que podríamos traducir como «Guíame, Corazón Valiente, Douglas te seguirá o morirá en el intento»). Te digo algo, yo con esta escena en la cabeza solo puedo pensar en dos cosas: la expresión de los soldados benimerines alucinando, y lo que habría dicho la familia de Robert si hubieran presenciado el momento.

Supuestamente, tras la batalla, Muhammed IV envió una escolta de honor con el cuerpo sin vida de sir James (no pensarías que se salvó, vamos...) y el relicario para que Alfonso XI se encargara de llevarlos de vuelta a Escocia.

Y, si bien es cierto que sir James murió en esta batalla, siento decirte que el lanzamiento del corazón y la frasecita fueron una invención literaria

de Walter Scott para su obra *Tales of a Grandfather* (1828). Esta serie de **libros sobre la Historia de Escocia fue escrita para el público infantil**, así que Scott la adornó un pelín; que si caballeros por aquí, que si honor y gloria por allá, que si vamos a llamar «Braveheart» a Robert the Bruce... El caso es que **la narración literaria tuvo tanto éxito que estos detalles se convirtieron en parte de la leyenda.**

Por último, si tienes curiosidad por saber qué pasó con los restos de Robert, te diré que el cuerpo fue enterrado en la abadía de Dunfermline, sus vísceras en Saint Serf y el corazón se quedó en la abadía de Melrose, en cuyo memorial aparece un verso de John Barbour que dice así: **«Un corazón noble no puede hallar la paz si carece de libertad». Bonito, ¿verdad?**

Capítulo 11:

¡NI PLANA, NI PLANO!

En el capítulo 8, hablamos sobre la mala fama de la Edad Media, lo recuerdas, ¿verdad? Te conté cómo los artistas del Renacimiento y los ilustrados supusieron que esta época había estado marcada por la decadencia, la ignorancia y el abuso. Pues bien, **el bulo de que los habitantes medievales creían que la Tierra era plana** es la guarnición de este menú de mentiras, bulos, mitos y errores interpretativos.

Voy a ser muy clara: las gentes del medievo sabían, sobradamente, que la Tierra era redonda; es más, era un conocimiento que habían heredado de la Antigüedad.

¿QUÉ DICES, GORGO? ¡IMPOSIBLE!

Te lo voy a demostrar: **Plinio el Viejo menciona en su *Historia natural* (estamos hablando del 77 d. C., ¡cuidao!) que todo hijo de vecino sabía que la Tierra era redonda**. Te cito aquí —fiel a la empollona que soy— lo que nos cuenta en el segundo tomo de su libro, concretamente en el capítulo LXIV (sesenta y cuatro, si no dominas los números romanos): «Por consenso unánime todos decimos el orbe de la Tierra, y estamos de acuerdo en que la circunferencia está limitada por los polos. Aunque no se trata, es cierto, de una esfera perfecta». O sea, no solo saben que la Tierra es redonda, sino que, además, ya afirman que tiene forma elipsoide (o, lo que es lo mismo, como una pelota un pelín achatada).

Otra interesante aportación de Plinio es que, por aquel entonces, **ya sabían lo que eran los eclipses**. Capítulo X del mismo tomo: «En cuanto a los eclipses del Sol y de la Luna, es evidente que el Sol está oculto por la interposición de la Luna, que trae oscuridad repentina a la Tierra». ¿Cómo te has quedado? Si los señores y las señoras de la Antigüedad echaran un vistazo a las películas y series que los representan huyendo despavoridos por un eclipse... ¡Se desternillarían de la risa!

Por supuesto, **Plinio no fue el único que habló sobre la esfericidad de la Tierra y los fenómenos astronómicos**. Uno de mis científicos favoritos en este ámbito es Erastóstenes de Cirene, un matemático impresionante que calculó la circunferencia de la Tierra... ¡en el 240 a. C.! Incluso logró determinar el grado de inclinación axial de nuestro planeta. Si el estudio del universo y el sistema solar no es lo tuyo, quizá te parezca que estos cálculos no tienen ningún interés; pero, gracias a ellos, pudo explicarse el cambio estacional de forma científica, obviando por fin el relato mitológico. Venga, vamos a hablar un momentito de esto, porque es importante:

Seguro que en el colegio estudiaste que la Tierra se mueve de dos maneras, la traslación y la rotación. El primer movimiento consiste en dar vueltas alrededor del Sol y el segundo en girar sobre sí misma. El inconveniente de este planteamiento es que falta un dato crucial: nuestro planeta no hace esos movimientos estando derechito, sino un pelín inclinado (concretamente, tiene una inclinación de 23,5 grados). Esto es lo que llamamos «inclinación axial» u «oblicuidad de la eclíptica», y es la responsable de que las estaciones (verano, primavera, otoño e invierno) no ocurran al mismo tiempo en el hemisferio norte que en el hemisferio sur. **Erastóstenes razonó y demostró todo esto en pleno siglo III a. C.** y esto, no me lo puedes negar..., ¡es para flipar!

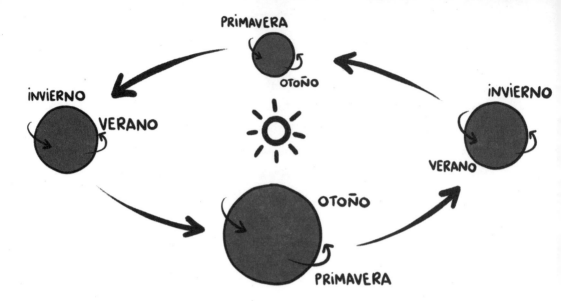

Pero volviendo a nuestro tema principal: fíjate si se sabían cosas sobre la Tierra y su esfericidad que, cerca del siglo V, Macrobio incluyó en su libro *Commentarii in Ciceronis Somnium Scipionis* (o, lo que vendría a ser lo mismo, *Comentario del sueño de Escipión*) un mapa de la Tierra, representada como un globo con zonas climáticas divididas según su nivel de habitabilidad. Macrobio mencionaba el trópico de Cáncer, decía que hacía más frío en los polos (que él denominó «extremidades de la Tierra») y comentaba que la humedad del aire podía provocar alteraciones de temperatura.

PERO SEGURO QUE ESE CONOCIMIENTO SE PERDIÓ EN ALGÚN MOMENTO DE LA EDAD MEDIA...

¡Para nada! **A diferencia de lo que ocurrió con el arte, el conocimiento científico se conservó con bastante buen tino.** Ya habíamos dicho que la Edad Media se sitúa entre el final del Imperio romano de Occidente en el 476 y la llegada de Colón a América en 1492, ¿verdad? Pues en esos mil y pico años no solo no se duda de la esfericidad de la Tierra, sino que se continúa investigando a partir de los descubrimientos heredados de la época antigua.

HAY TRATADOS MUY INTERESANTES COMO EL DE *TEMPORUM RATIONE* (CÁLCULO DEL TIEMPO) ESCRITO POR EL MONJE BEDA EN EL 725, EN EL QUE SE EXPLICA CÓMO LA FORMA REDONDA DE LA TIERRA PROVOCA CAMBIOS DE LUZ A LO LARGO DEL DÍA. O EL *PERDIFFICILES QUAESTIONES NATURALES* DE ADELARDO DE BATH EN EL SIGLO XII, QUE INTENTA DAR RESPUESTA A CÓMO LECHES SE SOSTIENE EL GLOBO TERRÁQUEO EN MEDIO DEL COSMOS (Y, OYE, PARA UNA ÉPOCA DONDE LA GRAVEDAD ERA UNA INCÓGNITA, LA CUESTIÓN DE ADELARDO ES DE LO MÁS PERTINENTE).

Y, si los textos científicos no te convencen, hablemos un poquito sobre arte.

Yo siempre digo que, **si quieres entender la historia de cualquier época o cultura, tienes que analizar su arte**. ¿Por qué? Pues porque el artista es un servidor de su tiempo. Y no importa si quiere lanzar una crítica mordaz a través de su trabajo o si pretende captar la belleza de un paisaje. **El artista está tan subordinado a sus propios ideales como a la experiencia que vive en sociedad.** Oye, qué profundo me ha quedado, ¿no?

El caso es que, cuando analizamos las obras artísticas y cartográficas medievales, **vemos un sinfín de representaciones de la Tierra con su forma esférica**. En el *Salterio de Tiberio* (siglo XI), en el *Dios creando el cosmos* de la *Bible moralisée* (siglos XIII a XV), en el *Mapamundi de Hereford* (año 1300), en los mapas de Beinecke (año 1400)... Y, te digo más, es que lo tenemos incluso entre las insignias reales.

¿Nunca te has fijado en los típicos cuadros de monarcas, que sostienen en la mano una bolita de metal con una cruz engastada en lo alto? Bueno, pues a eso se le llama **«globo cruciger» o «sphaira»**, y es un icono medieval extremadamente representativo para la clase dirigente porque legitimaba su poder a ojos del mundo. Sujetar este símbolo en una pintura o escultura venía a ser lo mismo que decir: **«Mírame, soy el elegido del dios cristiano para dirigir su reino en la Tierra».** Por supuesto, **si los habitantes del medievo hubieran creído que la Tierra era plana, ahora tendríamos tropecientos retratos de gobernantes agarrando platos en lugar de esferas.**

PERO, GORGO, ENTONCES... ¿QUIÉN SE INVENTÓ ESTE BULO?

El origen lo encontramos en el siglo XVII, cuando algunas comedias lo utilizaron como *gag* para hacer reír al público. Ya sé que a bote pronto puede parecer raro, pero, cuando ves una película o lees un libro, suele haber un «torpe», ¿verdad? Un personaje más «bobalicón», que dice tonterías y es engañado con facilidad por su falta de conocimiento. Bueno, pues los dramaturgos de 1650 en adelante representarán a ese arquetipo como un hombre ignorante al que todos señalan con el dedo porque aún no sabe que la Tierra es redonda.

Por desgracia, siempre hay alguien que llega para enmarañarlo todo, y **la «gracieta teatral» acabó siendo parte de una campaña política y de desprestigio social.** Cuando Thomas Jefferson escribió *Notas sobre el estado de Virginia* (1785), dedicó su capítulo diecisiete a la idea de que la Iglesia y el Gobierno no deberían estar relacionados de ninguna manera. Para ejemplificar el daño que, en su opinión, provocaba fusionar poder y religión, mencionó a Galileo (nacido en 1564 y finado en 1642). Según Jefferson, el gran astrónomo italiano había sufrido tortura física a manos de la Inquisición por afirmar que la Tierra era redonda, y nadie de la Administración pública había acudido en su rescate.

GORGO DATO

PARA QUE NO SE REPITIERAN ACONTECIMIENTOS SEMEJANTES, JEFFERSON EX-HORTABA A LOS POLÍTICOS DEL SIGLO XVIII A PROTEGER LA RAZÓN Y LA CIENCIA POR ENCIMA DE LOS DOGMAS Y EXPECTATIVAS ECLESIÁSTICAS.

Al margen de que este discurso le valió la etiqueta de «ateo» por parte de sus oponentes, aquí tenemos otra muestra de cómo **los intereses políticos pueden falsear la Historia**. Y es que **Galileo nunca defendió la esfericidad de la Tierra** (¿para qué? ¡Si eso ya se sabía!), sino el heliocentrismo; es decir, la teoría de que la Tierra gira alrededor del Sol. Y esta idea sí que cabreaba a la Iglesia y a la Inquisición, porque contradecía el creacionismo bíblico que situaba a la Tierra como centro de todo. Ahora bien, ¿fue torturado por ello? ¡Pues no! A ver, hacerle viajar de Florencia a Roma con sesenta y nueve años y someterlo a la tensión de un juicio seguramente fue muy estresante, pero tampoco podemos considerarlo tortura (al menos, no la tortura física que mencionaba Jefferson).

Ahora bien, si tenemos que buscar a un culpable directo de que nos hayamos tragado (masivamente) que en la Edad Media creían que la Tierra era plana, el dedo acusador apunta al señor **Washington Irving** y a su novela de ficción histórica *Una historia de la vida y los viajes de Cristóbal Colón* (1828).

Verás, en 1826 Irving empezó a trabajar para la embajada de Estados Unidos en España, y se le pidió que tradujera al inglés el libro del historiador Martín Fernández de Navarrete, que había descrito con rigurosidad el viaje de Colón a América. Pero **¿para qué hacer caso del trabajo contrastado de un profesional cuando puedes inventar como un cosaco?** Irving decidió que la historia real tenía poca chicha y que no engancharía al lector, así que **se tomó sus licencias artísticas** como un Ridley Scott decimonónico. Y una de ellas fue **describir a Colón, en la corte española, discutiendo con los académicos del Concilio de Salamanca y tratando de hacerles entender que la Tierra era redonda, mientras ellos terqueaban con que era plana.**

Obviamente, en la historia real esto no fue así: Cristóbal Colón jamás tuvo que entrar en semejantes diatribas, y su viaje no pretendía demostrar la esfericidad de la Tierra, sino encontrar la ruta más rápida hacia las Indias. Pero ya sabemos que el drama vende y el libro fue un exitazo, abriendo la veda para que los ilustrados continuaran con el discursito sobre lo ignorantes que eran los habitantes del medievo.

¿Y POR QUÉ CALÓ TAN HONDO LA MENTIRA?

Porque servía para un propósito mayor: **descalificar el pasado y encumbrar el presente.** Como ya te comenté en el capítulo 8, los ilustrados trajeron una importante democratización del conocimiento (eso hay que aplaudírselo). **Como movimiento filosófico e intelectual, la Ilustración hablaba de las libertades individuales, del fin de la opresión, del acceso a la formación educativa...** Pero también hicieron una dura campaña de desprestigio contra la Edad Media para crear un contrapunto.

Que, ¡ojo!, tampoco te pongas ahora a idealizar la Edad Media y a pensar que todo era una maravilla. **¡No nos vayamos a los extremos!** Las gentes medievales vivieron terribles experiencias, como la guerra de los Cien Años o la peste negra. Pero la Edad Moderna y la Edad Contemporánea tampoco fueron periodos de luz y color.

Para rematar con este capítulo, te voy a dar un datito extra, que creo que te va a encantar. En 1490, Martin Behaim (que era un cartógrafo es-pec-ta-cu-lar) recibió un encargo por parte del Ayuntamiento de Núremberg:

debía construir el primer globo terráqueo de la historia de Europa. Lo llamó **«*Erdapfel*»** (que significa «la manzana de la Tierra») y fue ilustrado por el artista Georg Glockendon. Si puedes, te recomiendo que lo busques en Google, porque es una pasada de bonito.

Cuando lo contemplamos hoy en día, encontramos algunos errores cartográficos, entre ellos que **no se incluye el continente americano**. Pero, si te fijas en la cronología, entenderás que es de lo más lógico, porque **Colón no regresó de su viaje hasta marzo de 1493, así que hasta entonces en Europa nadie supo de la existencia de América**.

He aquí otra demostración (por si te parecían pocas) de que el mundo medieval sabía sobradamente que la Tierra era redonda.

Capítulo 12:

NI UN PELO DE LOCA

Juana I de Castilla, hija de Isabel la Católica y de Fernando de Aragón, ha pasado a la historia como una mujer desequilibrada. Se ha dicho que estaba loca de celos, loca de amor y loca de ira. Pero —hasta donde sabemos— **su «locura» no fue más que un bulo, un recurso para desacreditarla y alejarla del poder**.

Estudiando los testimonios de terceros, algunos psiquiatras contemporáneos han supuesto que sufría esquizofrenia, psicosis o depresión. Pero (como ya te comenté en el capítulo sobre Calígula) **diagnosticar enfermedades a partir de fuentes sesgadas por los intereses políticos puede ser un recurso peligroso y poco fiable**.

En este capítulo vamos a hablar de Juana, de su vida y del bulo que la rodea, y para eso tenemos que empezar por dos factores sociales que condicionan toda su historia: la definición de locura y la posición de la mujer en la Edad Moderna.

¿QUÉ SE ENTENDÍA POR «LOCURA» EN LOS SIGLOS XV Y XVI?

La RAE define la locura como una privación de la razón, pero esta es una descripción demasiado amplia que necesitamos acotar y matizar. En la época de Juana, el loco era aquel que no podía controlar sus impulsos. Sentir demasiado amor, demasiado dolor, demasiada tristeza, demasiada alegría... era un signo evidente de que las pasiones (es decir, los sen-

timientos) estaban descontroladas; y esto se debía a un desajuste en los humores.

La teoría de los humores se remonta a la Antigua Grecia , cuando los médicos (aquí tenemos que hacer especial mención a Hipócrates) asociaron **las enfermedades con un exceso o déficit de cuatro fluidos corporales: sangre, flema, bilis amarilla y bilis negra.** Estos líquidos recibirán el nombre de humores y se relacionarán con los cuatro elementos (fuego, tierra, aire y agua) y con cuatro tipos de carácter: alegre, reflexivo, colérico y melancólico.

Según la teoría, un exceso de sangre (elemento aire) provocaba que la persona fuera alegre y activa. La abundancia de flema (elemento agua) la volvía reflexiva. Los pacientes con demasiada bilis amarilla (elemento fuego) eran propensos a la agresividad y a los ataques de ira. Y, finalmente, aquellos con mucha bilis negra (elemento tierra) tendían a la melancolía.

Esto se traduce en que **no existían diagnósticos médicos como la depresión o la ansiedad, así que cualquier tratamiento se reducía a «reequilibrar» los humores** mediante un tratamiento alopático; es decir, se «curaba» al paciente con procedimientos contrarios a su afección. ¿Que estabas demasiado activo? Se te practicaba una sangría. ¿Que te enfadabas mucho? Pues infusiones frías para calmar el fuego interno de la bilis amarilla. Y así con todo.

¿CÓMO ERA LA VIDA DE LAS MUJERES EN LOS SIGLOS XV Y XVI?

Las mujeres de la Edad Moderna no vivían mucho mejor que las griegas de las que te hablé en el capítulo «Pechos cercenados y señoras luchadoras». Estaban relegadas a un segundo plano, siempre a la sombra de un hombre (su padre, su marido, su hijo...) y obligadas a mantenerse fieles a las **cuatro virtudes cardinales: templanza, prudencia, fortaleza y justicia**. ¡Oye, en este capítulo, todo son cuartetos!

Hablar mucho se consideraba frívolo y una falta de prudencia. Compartir sus opiniones sin que fueran requeridas era irrespetuoso y, por tanto, una injusticia para el interlocutor. Reír a carcajadas, llorar desconsoladamente o gritar enfurecidas era un signo inequívoco de falta de templanza. E interactuar con varones (incluso intercambiar una miradita de lo más inocente) era cosa de casquivanas y mujeres carentes de fortaleza. Vamos, que tener la libertad para forjar tu personalidad y tomar tus propias decisiones resultaba una tarea imposible.

Si a esto le sumamos la teoría de los humores, te puedes imaginar **la cantidad de mujeres que fueron conducidas al médico para «curarlas» de la mala leche, la jovialidad o el interés por el guapo vecino de la calle de enfrente.**

¿Y EN EL CASO DE JUANA?

Quizá pienses que Juana, al ser un miembro fundamental de la dinastía Trastámara, se libró de esta situación, pero, de hecho, la **sufrió con más dureza**. Como hija de los regentes de España, Juana (nacida el 6 de noviembre de 1479) fue educada para ser obediente, cumplir con las expectativas de la corona y quedar a disposición de cualquier alianza matrimonial con las potencias vecinas (al igual que sus hermanos).

Sabemos por los registros de sus preceptores que fue una niña extremadamente inteligente. Sus profesores (Lucio Marineo Sículo, Pedro Mártir de Anglería, fray Andrés de Miranda, Beatriz Galindo y Alejandro Geraldino) le enseñaron, entre otras muchas cosas, ciencia, ética, teología, latín, filosofía, historia, poesía y música, y estas dos últimas disciplinas serían sus grandes pasiones. Juana tenía unas aptitudes tan increíbles para la poesía y la música que, cuando el humanista Hieronymus Münzer visitó la corte española en 1494, se quedó boquiabierto al encontrar a una Juana de quince años capaz de robar la atención de toda una sala solo con tocar el clavicordio o improvisar unos versos.

Juana habría sido la hija perfecta según los preceptos de la Edad Moderna de no haber sido porque **no quería renunciar a su personalidad**. Era risueña, sincera, ocurrente y un poco terremoto. Cuando se enfadaba, gritaba; cuando estaba alegre, reía. Y, cuando recibía una orden, preguntaba primero el motivo para aceptarla. Todo esto hizo que su madre la definiera como «rebelde y difícil de dirigir», algo que, hoy en día, no nos parecería tan terrible. Yo suelo decir que **Juana necesitaba entender el mundo, pero que el mundo no parecía entenderla a ella**.

Con este percal, no es de extrañar que pasara gran parte de su niñez castigada. El preceptor de su hermano y confesor de su padre, Diego de Deza, solía imponerle penitencias y exámenes de conciencia a diario. ¿Te imaginas lo frustrante que debió de ser para ella comprender que, cada vez que diera rienda suelta a su personalidad, le caería una bronca? **Para los médicos de la época, Juana tenía un claro exceso de bilis amarilla; demasiado fuego y demasiadas pasiones.** Para nosotros, sería catalogada como una niña entusiasta e intrépida.

Aun con todo, Juana trató de complacer a sus padres como buenamente pudo, así que no puso demasiadas objeciones cuando le comunicaron que sería un peón más en la estrategia política del país. Isabel y Fernando casaron a sus hijos para aliarse con tres potentes dinastías europeas: Catalina abriría las puertas a los Tudor de Inglaterra; Isabel y María se desposarían con los Avis de Portugal; y Juan y Juana, con dos Habsburgo de

Austria y Flandes: Margarita (segunda hija del emperador Maximiliano) y su hermano Felipe (apodado «el Hermoso»).

¿CÓMO FUE LA RELACIÓN DE JUANA CON FELIPE EL HERMOSO?

Digamos que era... complicada.

¿Alguna vez has visto un *Ficus aurea*? Popularmente se conocen como higueras doradas o higueras estranguladoras. ¡Son una especie fascinante! Crecen usando otro árbol como soporte y, poco a poco, a medida que aumentan de tamaño, roban el sol y los nutrientes al árbol principal. Su desarrollo es lento y muy sutil, y termina con la muerte del hospedante. Pues, a grandes rasgos, podemos decir que **Felipe el Hermoso fue una de las muchas higueras doradas que asfixiaron a Juana.**

Se casaron en octubre de 1496 y Felipe no tardó mucho en iniciar su abrazo estrangulador. Como no le gustaba que su esposa fuera el centro de atención, le quedó prohibido tocar instrumentos o recitar en público. También la aisló socialmente expulsando a los miembros españoles de su séquito y procuró ningunearla, haciendo bromas de mal gusto a su costa o paseándose con amantes delante de sus narices. La verdad es que **a Felipe no le importaba Juana como persona, sino como un proyecto para acceder al poder de los territorios españoles**.

Claro que el flamenco no contaba con el carácter de Juana, que, en lugar de adoptar la actitud sumisa y doliente que el mundo esperaba de ella, devolvía las pullas y montaba unos poyos tremendos cada vez que pillaba a su marido cometiendo una infidelidad. Por mucho que las cortes europeas hubieran normalizado la infidelidad masculina (la monarquía francesa incluso tenía una titulatura especial para la amante del rey:

maîtresse en titre), Juana se había criado con una madre que no admitía humillaciones.

Sabemos por cronistas como Hernando del Pulgar que Fernando el Católico (padre de Juana) le fue infiel en múltiples ocasiones a Isabel, y que esta respondía con gritos furiosos, exigiéndole que respetara la lealtad conyugal que le había jurado ante el altar. Los «escándalos» de Juana eran un vivo reflejo de los que había montado su madre, pero, curiosamente, **de Isabel se dijo que era «un corazón de varón vestido de hembra» (es decir, una tía con carácter), mientras que Juana fue retratada como una demente.** Cuando Juana dijo, frente a las Cortes de Valladolid, que su madre tenía peor genio que ella, pero nadie se habría atrevido a llamarla «loca», tenía toda la razón.

Por supuesto, las reacciones de Juana no hicieron retroceder a Felipe; si acaso, motivaron que fuera más imaginativo a la hora de maltratarla. Encerrarla en una habitación durante horas mientras él asistía en solitario a los eventos oficiales se convirtió en algo habitual. De hecho, la imagen de Juana aporreando la puerta y alternando el llanto con la furia fue muy socorrida cuando **Felipe empezó a rumorear sobre su supuesta locura.** Pero, seamos sinceros, ¿quién se quedaría quietecito y en silencio viéndose apresado? Yo habría improvisado un ariete con la silla, ya te lo digo.

A todo esto, tenemos que sumarle el mayor don de Felipe: su increíble capacidad para vaciar las arcas flamencas. Cuando se pasaba gastando, no se cortaba un pelo en utilizar los fondos que correspondían a su esposa (como infanta de España) y se dice que, para el verano de 1498, Juana ni siquiera podía pagar el sueldo de sus sirvientes. Esto desató rumores sobre una posible inestabilidad financiera, así que Felipe culpó a su esposa.

Acusarla de dejadez y afirmar que los celos la tenían tan consumida que desatendía sus deberes era otra manera de humillarla públicamente.

Por supuesto, los cotilleos no tardaron en llegar a España, y los Reyes Católicos pidieron explicaciones sobre lo que estaba ocurriendo con su hija. Según parece, la respuesta fue un informe médico (encargado por Felipe) donde se relataba la fuerte tensión conyugal generada por la «pésima conducta de Juana», quien, en palabras de Felipe, «actuaba con malicia contra él». ¿Cómo te quedas?

Si a todo este contexto le sumamos la muerte de dos de los hermanos de Juana (Juan en 1497 e Isabel en 1498) y el cóctel de hormonas de vivir seis embarazos en nueve años (de 1498 a 1507), ya te imaginarás que la mochila emocional de esta mujer estuvo a rebosar durante todo el matrimonio.

¿CUÁNDO SE AFIANZÓ LA CREENCIA DE QUE JUANA ESTABA «LOCA»?

En 1501, **al ser reconocida como heredera por las Cortes de Castilla y Aragón**.

Cuando Felipe supo que Juana sería reina, pero que él quedaría reducido al papel de consorte (vamos que ni pincharía ni cortaría), se armó la marimorena y le faltó tiempo para buscar la forma de convertirse en rey. Intentó conseguir el apoyo de Francia mediante un acuerdo matrimonial (entre su hijo Carlos y una hija de Luis XII de Valois, que era enemigo acérrimo de los Trastámara), y **quiso mostrar a Juana como una mujer incapacitada para el gobierno creyendo que así podría ocupar su lugar**. Con la formación de Juana, era imposible engañar a la gente para que creyeran que no estaba preparada para reinar, pero, dado que su abuela paterna (Isabel de Portugal) había sufrido demencia, **atribuirle una enfermedad mental no parecía descabellado**. Durante los siguientes meses, Juana tuvo a cortesanos flamencos espiándola día y noche, a fin de encontrar (o crear) pruebas (o habladurías) sobre su locura.

Claro que el tiro le salió por la culata porque Isabel la Católica, previendo las intenciones de su yerno, incluyó una cláusula en su testamento especificando que, si Juana era inhabilitada de sus funciones como reina, sería su padre (Fernando) quien tomaría las riendas del gobierno hasta que Carlos (su hijo) cumpliera los veinte años. Felipe ni siquiera podría acercarse al trono para olerlo. ¿Tú también has escuchado el eco de ese ZASCA?

Y, VISTA LA SITUACIÓN, FELIPE SE RINDIÓ DE UNA VEZ, ¿NO? DEJÓ LAS ARTIMAÑAS.

No, me temo que no.

Tras la muerte de Isabel (26 de noviembre de 1504), **Juana es proclamada reina de Castilla** en la plaza de Medina, pero Fernando el Católico (que, legalmente y tras la muerte de su esposa, pasaba a ser solo rey de Aragón) quería mantenerse en el poder. Así que, aprovechando que Juana está fuera de la Península y que Felipe había hecho circular rumores sobre su supuesta enfermedad mental, **Fernando se nombra administrador y gobernador de Castilla**. No me cabe duda de que, al enterarse, Felipe debió de subirse por las paredes.

El Hermoso negoció con la nobleza de Castilla, aseguró que Juana estaba cuerda y que solo a ella le correspondía el control del reino (¡menudo morro tienes, muchacho!) y recurrió de nuevo a Luis XII de Francia buscando apoyo. Las dos primeras artimañas funcionaron más o menos bien, pero la tercera fue un fracaso porque Fernando se le adelantó: el 12 de octubre de 1505 firmó el Tratado de Blois y se casó con Germaine de Foix (sobrina del soberano francés), ganando un nuevo aliado y dejando a Felipe jo...robado. ¿Y Juana? Juana debía de estar hasta el moño, viendo cómo su padre y su marido rivalizaban por algo que, legítimamente, le correspondía solo a ella.

El 24 de noviembre de 1505, los embajadores de Juana y Felipe consiguieron un pequeño avance con la firma de la Concordia de Salamanca. Este acuerdo establecía un gobierno conjunto, en el que el matrimonio sería nombrado como reyes propietarios de Castilla, y Fernando quedaría asignado al puesto de gobernador perpetuo (recibiendo algunos privilegios, como la mitad de las rentas reales). Por supuesto, a Felipe le parecía un resultado insuficiente, así que, tras una forzosa travesía marítima, se plantó con Juana en España.

Las negociaciones dieron lugar a la firma de la Concordia de Villafáfila (27 de junio de 1506), en la que Fernando renunciaba a cualquier control sobre Castilla en favor de su hija, quien, en caso de negativa, enfermedad, fallecimiento o imposibilidad para reinar, cedería la regencia a Felipe.

Pues porque **Felipe le prometió algunas concesiones**: provechos e intereses en los territorios americanos, diez millones de maravedíes, administración absoluta de los maestrazgos de Santiago, Calatrava y Alcántara... Vamos, que le hizo rico a cambio de la corona. Fernando necesitaba esas suculentas rentas si quería mantener la política aragonesa en el Mediterráneo y conservar Nápoles, así que no tardó en ceder. Juana nunca estuvo presente en las reuniones, así que ya te imaginarás el tremendo palazo que se llevó cuando supo lo que estos dos habían acordado en su nombre.

La historia podría haber terminado aquí, con los cap... tanciosos de Fernando y Felipe satisfechos y felices a costa de la auténtica heredera. Pero..., casi tres meses más tarde, **Felipe enferma en extrañas circunstancias y fallece el 25 de septiembre.** Se ha especulado muchísimo sobre las repentinas fiebres que aquejaron al Hermoso, e incluso nació una leyenda sobre un vaso de agua helada y un envenenamiento orquestado por Fernando. Hoy en día, la teoría más aceptada es que murió a causa de una neumonía mal tratada, pero, oye, reconozco que la leyenda del asesinato tiene cierto encanto.

Mejor respira hondo y ármate de paciencia antes de continuar leyendo, porque te va a hacer falta...

Tras haber embalsamado y depositado el cuerpo de Felipe en la Cartuja de Miraflores (en Burgos), **Juana decidió exhumar el cadáver.** Y no por los motivos morbosos y nauseabundos que dice internet, sino porque había recordado el deseo de Felipe de ser enterrado en Granada.

Así que, el 20 de diciembre de 1506, Juana (que estaba embarazada) inició una procesión hacia el sur con el cadáver y un considerable séquito mortuorio. Y, si estás pensando en esa parte (ridícula) de la leyenda que asegura que Juana viajaba de noche para evitar que otras mujeres contemplaran a Felipe o para dormir abrazada al difunto durante el día, déjame decirte que es totalmente falso. Los tramos de caminata que se desarrollaron por la noche fueron una manera de prevenir el contacto con posibles infectados por la peste y evitar los golpes de calor cuando llegó el buen tiempo.

A pesar de esta situación, Juana se dedica a gobernar Castilla: toma decisiones, sanciona leyes, convoca a los consejeros de su madre, invalida las ordenanzas que había firmado Felipe en su nombre... **Hace su trabajo como reina y, además, de una manera bastante impecable.**

Ay... Pero Fernando de Aragón sigue queriendo mandar en Castilla. Aprovecha la muerte del yerno para volver a escena y **utiliza la «peregrinación» con el cadáver como evidencia de que Juana no está en sus cabales.** Con poco esfuerzo, logra que le ceda la regencia, la encierra en Tordesillas y convence a la nobleza castellana para que la encuentren imposibilitada para el gobierno.

A partir de aquí, el castillo de naipes cae por su propio peso: Carlitos (el hijo de Juana y Felipe) es demasiado pequeño para reinar, así que la única opción es Fernando, que dirigirá el cotarro hasta el 23 de enero de 1516 (fecha de su muerte). El 14 de marzo de 1516, Carlos I de España y V de Alemania accederá al trono de Castilla y Aragón, y forjará su propio imperio.

¡MENOS MAL! CARLOS LIBERARÁ A JUANA, ¿VERDAD?

Me gustaría decirte que sí, pero...

Siguiendo el ejemplo de su padre y de su abuelo, **Carlos mantendrá a su madre cautiva en Tordesillas para asegurarse de que no reclama el trono.**

Allí permanecerá Juana hasta su muerte el 12 de abril de 1555, tras **casi cincuenta años encerrada,** ¡que se dice pronto!

Capítulo 13:

NUNCA VAS A ENCONTRAR UN TESORO PIRATA

Ahora que estamos en el capítulo 13, ya te habrás dado cuenta de que —dentro del entramado de tergiversaciones, errores y malas intenciones— **todos los bulos tienen una pequeña dosis de imaginación.** Y nadie ha desatado tanto la imaginación del público como los piratas.

LA PIRATERÍA EXISTE DESDE QUE LOS LLAMADOS «PUEBLOS DEL MAR» EMPEZARON A SAQUEAR BARCOS ALLÁ POR EL SIGLO XII A. C., PERO, CUANDO PENSAMOS EN UN PIRATA, LA ESTAMPA QUE NOS VIENE A LA MENTE SE CORRESPONDE MÁS CON LA EDAD DE ORO DE LA PIRATERÍA (SIGLOS XVII A XVIII).

Ten claro que la gente de a pie no se relacionaba con los piratas (¿para qué arriesgarse a acabar en la horca con uno de ellos?), pero eso no evitó que suscitaran una enorme curiosidad. **A menudo, la visita de tripulaciones pirata a los refugios y bastiones del Caribe se acompañaba con cuentos e historias de grandes hazañas en alta mar.** La verdad es que los piratas siempre fueron algo bocazas y dados a exagerar, pero los parroquianos de aquellas islas no lo sabían. Aquellas historias fueron de boca en boca, añadiendo y quitando adornos, y en un santiamén los piratas pasaron de ser saqueadores marítimos a personajes avariciosos y sanguinarios que enterraban sus tesoros y hacían caminar a sus víctimas por una tabla.

Ninguno de esos datos era cierto, claro, pero formaban parte del entretenimiento popular.

Dudo de que alguien pensara que estas mentirijillas atravesarían siglos de historia para llegar hasta nuestros días y crear un estereotipo mundialmente aceptado. ¿Por qué iba a hacerlo si los piratas habían sido el tema estrella desde hacía mucho? Y más aún desde que podían ganarse el favor de los monarcas europeos.

PERO LOS GOBERNANTES... ¿NO ESTABAN EN CONTRA DE LA PIRATERÍA?

¡Depende! Aunque la piratería fue una «salida laboral» muy habitual en todo el mundo, lo cierto es que el periodo de.doscientos años comprendidos entre 1521 y 1722 fue especialmente intenso. ¿El motivo? Las enormes riquezas traídas desde el Nuevo Mundo. **Algunas potencias europeas vieron en la piratería el mecanismo perfecto para debilitar a los países enemigos**, así que decidieron apoyarla y sufragarla con la figura del **corsario**.

Para no hacerte mucho lío: un **corsario** es un pirata que tiene autorización del Gobierno para dedicarse a la piratería. Por medio de la *letter of marque* o patente de corso, el monarca legalizaba todas las acciones del corsario (por terribles que estas fueran), lo ponía bajo la protección de la corona y, en algunos casos, incluso le otorgaba títulos y reconocimiento en la corte. A cambio, el corsario se comprometía a atacar barcos enemigos, proteger las costas de la nación y entregar al Tesoro Real una parte de sus botines. **Prácticamente todas las naciones europeas tuvieron corsarios a su servicio**, pero sin duda el ejemplo más conocido es el de sir Francis Drake, que recibió el título de Knight Bachelor (caballero o sir) por orden de Isabel I de Inglaterra.

¿Y EXISTEN MÁS CATEGORÍAS DE PIRATAS? DIGO, ADEMÁS DE LOS CORSARIOS...

¡Claro! Suele decirse que los piratas se dedicaban al saqueo de barcos en alta mar, que abordaban de forma ilegal y por la fuerza. Pero, por desgracia, esta es una definición demasiado global y que no puede aplicarse a bucaneros y filibusteros. Ah, ¿creías que estos términos eran sinónimos? *Au contraire!* Hay significativas diferencias entre ellos.

Los **bucaneros** eran piratas originarios del mar Caribe que no se limitaban a atacar barcos en puertos o mar abierto, sino que se adentraban en tierra firme para hacerse con cerdos y vacas. Ahumaban la carne en barbacoas de madera llamadas «*buccan*» (de aquí procede su nombre) y luego la vendían a muy buen precio para sacarse un dinerillo extra. Por otro lado, los **filibusteros** eran piratas asentados en las islas de Jamaica y Tortuga (sí, es una isla real, no una invención de Disney) que solían bordear la costa para saquear pequeñas localidades, pero rara vez se adentraban en alta mar.

Como ves, **la piratería estaba bastante bien organizada y clasificada; tanto que algunos piratas crearon agrupaciones que hacían las veces de sindicato**. Así tenemos, por ejemplo, la Hermandad de la Costa o Cofradía de los Hermanos de la Costa, que se hacía cargo de pagar indemnizaciones a los piratas heridos o demasiado mayores para luchar y de castigar a aquellos que no cumplieran con el código de conducta.

ESPERA, GORGO. ¿ACABAS DE DECIR QUE HABÍA UN CÓDIGO DE CONDUCTA PARA PIRATAS?

En realidad, ¡hubo muchos! Y no fue algo exclusivo de la Hermandad de la Costa, sino que **la mayoría de las tripulaciones piratas tenía su propio código**. Algunos se inspiraban en leyes marítimas de la Edad Media (como los *Rôles d'Oléron*) y otros fueron más imaginativos, pero todos cumplían con el mismo propósito: mantener la disciplina y el buen rollo a bordo.

Cada miembro de la tripulación debía firmar el código (o dejar una marca en caso de no saber escribir) y jurar que lo cumpliría a rajatabla. Por supuesto, en caso de quebrantar cualquiera de sus normas, el pirata sufría un castigo que podía ir desde unos azotes hasta la muerte. ¿Vemos un ejemplo?

En el **código del pirata Roberts**, escrito alrededor de 1721, se estipula que las luces debían apagarse a las ocho de la noche, se prohibía jugar a las cartas o a los dados apostando dinero y no se permitían peleas en el barco. Casi podrían ser las reglas de una residencia de estudiantes, ¿verdad? Pero, por supuesto, también incluye apartados con sórdidos castigos: «Si un hombre defrauda a la compañía, será abandonado a su suerte en el mar. Si el robo ha sido entre miembros de la tripulación, se le cortarán las orejas y la nariz al culpable y será abandonado en tierra, nunca en sitio deshabitado, pero sí en un lugar donde encuentre adversidades». **¡Tela marinera! (Y nunca mejor dicho).**

El del capitán John Phillips (1723) también se redacta en esta línea, y añade algunos apéndices de lo más interesantes: «Quien fume tabaco en la bodega o lleve una vela encendida sin farol será azotado cuarenta veces» **(una medida muy lógica para evitar que la pólvora estallara)** y «Si algún hombre traiciona u oculta algo, será abandonado a su suerte con una botella de agua y una pistola con un solo tiro» **(¿a que te ha venido a la mente la saga de *Piratas del Caribe*?).**

Un valor añadido de estos códigos es que, al equiparar a todos los tripulantes de la nave, evitaban conflictos entre los piratas que provenían del pueblo llano y aquellos que habían sido miembros de la nobleza o del clero.

¡Claro! ¿Qué te creías? ¿Que todos eran hombres pobres, arrastrados a la vida de rapiña?

Uno de mis ejemplos favoritos es el de Eustaquio el Monje, un joven francés de veinte añitos que abandonó la plácida vida contemplativa del monacato en 1190 para hacerse pirata. Hay muchas teorías al respecto de por qué escogió esta vida: conflictos con la ley, claustrofobia, deseo de aventuras…, pero mi favorita es el deseo de vengar la muerte de su padre, asesinado por el conde de Boulogne, Renaud de Dammartin.

¡Es que es un Íñigo Montoya en estado puro! (Si no entiendes esta referencia, deja el libro a un lado y prepara una sesión de cine de *La princesa*

TÚ MATASTE A MI PADRE.

PREPÁRATE A MORIR.

prometida). Casi puedo imaginarme la escena, con nuestro monje levantando la espada y luchando contra Renaud mientras dice: **«Hola, mi nombre es Eustaquio Busket, tú mataste a mi padre. Prepárate a morir».** Podría soltar un gritito de fanática ahora mismo, te lo digo.

Claro que eso solo pasa en mi imaginación, porque Eustaquio decidió usar la vía legal. Y te lo digo claramente: **habría sido más fácil y productivo enzarzarse a espadazos**. El tribunal falló en su contra y, por si fuera poco, Renaud se desquitó dejando a Eustaquio en la indigencia (a ver, era un conde con contactos, ¿qué esperaba este chiquillo?).

Viendo que la venganza le había salido rana y que se iba a morir de hambre (una vez que abandonabas el monasterio, no podías volver), Eustaquio decide probar suerte con la vida naval y, en poco tiempo, se granjea una reputación como sanguinario pirata.

En 1204, la suerte parece sonreírle, porque el famoso rey Juan de Inglaterra le propone convertirse en su corsario. ¿Cómo que no sabes quién es Juan? Sí, hombre, Juan sin Tierra. ¿No te suena? El hermano de Ricardo Corazón de León. ¿Tampoco?... A ver, ¿tú te has visto las películas de Robin Hood? Pues Juan es el monarca al que ponen fama de inútil y mamoncete. ¡Eeese mismo! Bueno, pues Juanito estaba en guerra con el rey francés, Felipe II, desde hacía tiempo, y los servicios de Eustaquio le vinieron de maravilla para mermar el poder naval de Francia durante una década.

Pero, en 1212, un viejo enemigo reaparece en la vida de Eustaquio: Renaud de Dammartin (**¡chan, chan, chaaaaaan!**). El enfrentamiento militar entre Francia e Inglaterra estaba en un momento muy delicado y el muy imb...erbe de Renaud, aprovechó la ocasión para ofrecerle auxilio militar a Juanito con una condición: que exiliara a Eustaquio.

Y **¿qué hizo Juan?** ¿Protegió a Eustaquio y mandó a freír espárragos a Renaud? ¿Honró a la persona que había cuidado sus fronteras, plantado cara a sus enemigos y puesto su vida en riesgo durante diez años?... **¡NO!** Le quitó todos los honores y lo echó sin miramientos. **Ya te vale, Juan, ya te vale.**

En respuesta, Eustaquio se pasó al bando francés y, durante los siguientes cuatro años, atacó a Inglaterra con toda la saña posible (en el siglo XIII la gestión emocional se basaba en arrearle leches al que te había fastidiado, ¿qué le vamos a hacer?). En 1217, durante la batalla de Sandwich, Eustaquio fue apresado y ejecutado en alta mar. Algunas crónicas medievales aseguran que intentó salvarse ofreciendo grandes sumas de dinero a sus captores, lo que originó muchas leyendas sobre botines secretos y tesoros escondidos.

¡AAAH! Y DE AHÍ VIENE LO DE LOS TESOROS ENTERRADOS, ¿NO?

A medias. **¿Este hecho avivó la imaginación del personal? Seguro.** Pero, como te comentaba en la introducción del capítulo, no fue hasta el siglo XVI que se desató la «fiebre» de los rumores sobre piratas y tesoros. Vayamos paso a paso para desentrañar este bulo:

Yo sé que, si te pido que imagines la bodega de un barco pirata, te va a venir a la mente una escena hollywoodiense con cofres repletos de monedas de oro, gemas brillantes, collares de perlas y cálices repujados en plata. Pero ya te digo que esto no era así. **Si la piratería hubiera sido tan fructífera, cualquier pirata se habría retirado tras el primer año de actividad.**

La realidad es que la mayoría de los piratas escogía objetivos fáciles en los que la capacidad numérica jugase a su favor. Por norma general, **la** tripulación de un barco pirata estaba compuesta por entre 70 y 145 tripulantes, y ninguno quería jugarse la vida si podía evitarlo. Por eso solían preferir barcos mercantes y de civiles, que se rendían nada más verlos llegar y cuyo botín solían ser telas, especias, monedas y algunas joyas.

Todos los códigos piratas que mencionamos antes incluían una cláusula sobre la repartición de lo robado. Exceptuando el porcentaje para reparaciones del barco, compra de víveres y de armas, se establecía que el capitán recibiría entre el doble y una quíntuple parte del total, y lo restante se repartiría entre la tripulación a partes iguales. Obviamente, para un «pirata raso» esto no era ninguna fortuna, así que, en cuanto arribaban a puerto, se lo gastaban todo en un par de comidas calientes, noches en camas mullidas y alguna que otra juerga. A ver, seamos sinceros: **a todos nos costaría ahorrar después de pasar meses en alta mar.**

Pero, a diferencia de sus subordinados, los capitanes podían permitirse ser comedidos. Lo habitual es que pusieran su parte a buen recaudo en manos de personas de su confianza, especialmente comerciantes (que conseguían altos beneficios vendiendo los objetos de valor) y taberneros. Estos quedaban encargados de invertir y blanquear el capital por si, en algún momento, el capitán quería jubilarse. Lo sé, la idea de un fondo de pensiones a plazo fijo no es tan exótica como la fantasía de enterrarlo todo en una isla en medio del Caribe, pero reconozcamos que resulta más práctico.

ENTONCES... ¿CÓMO SURGE EL BULO DE LOS TESOROS ENTERRADOS?

Hasta cierto punto, podemos achacárselo a las habladurías sobre corsarios y piratas famosos (como Henry Morgan y Barbanegra). Al tener barcos mejores y tripulaciones más numerosas, estos capitanes se atrevían

a atacar galeones y buques de gran envergadura, obteniendo botines más cuantiosos. Como supondrás, no tardó en surgir el rumor de que escondían una parte, de manera temporal, para reducir el tanto por ciento que se llevaban los monarcas (en el caso de los corsarios) o para evitar perderlo todo si eran apresados por la justicia o se hundía el barco (en el caso de los piratas).

Nada de esto llegó a demostrarse, pero no sería de **extrañar que los propios piratas hubieran fomentado estos cuentos para despistar a los curiosos**. Al fin y al cabo, **si la gente se dedicaba a cavar buscando sus tesoros, se reducía el riesgo de que desvalijaran a su buen amigo (y tesorero) el tabernero/comerciante.**

Me temo que son una invención literaria. En capítulos anteriores ya aprendimos que un rumor puede ser extremadamente útil para inspirar a un escritor, y esta no es una excepción.

Alrededor de 1823, Washington Irving quería escribir una antología de cuentos cortos. **¡Fíjate! ¡Aquí está nuestro «amigo» estadounidense del capítulo «¡Ni plana, ni plano!»! El que provocó que medio mundo creyera que Colón viajó a América para demostrar que la Tierra era redonda cuando, en realidad, todo el mundo lo sabía ya.** Pues, unos años antes, publicó *Tales of a Traveler* (1824) inspirándose en personajes europeos y con una narración en primera persona. Dividió su obra en cuatro tomos (*Historias extrañas de un caballero nervioso, Buckthorne y sus amigos, Los bandidos italianos* y *Los buscadores de dinero*); los tres primeros tenían un toque humorístico, y el cuarto podría haber encajado como libro de aventuras. Entre todas las historias de este último tomo, Irving incluyó la de William Kidd con el cuento «Kidd el Pirata». Para darle vidilla a la historia (ya sabemos cómo le gustaba a Irving adornar la vida de personajes reales) se inventó que el capitán había enterrado el más espléndido de los tesoros en algún punto de Long Island, pues quería comprar su absolución en caso de ser condenado a la horca.

Y, aunque era falso, los lectores quedaron tan fascinados (o engatusados) por aquella historia que Kidd pasó a la posteridad como el pirata que había enterrado su tesoro.

Esta historia animará a Robert Louis Stevenson a escribir *La isla del tesoro* (1883) y, **a partir de aquí, se reforzará la imagen del pirata estereotípico, con su pata de palo y enterrando un tesoro maldito.**

También surgirán rumores sobre mapas y pistas ocultas; y aquí entra la leyenda del pirata Olivier Levasseur, ahorcado el 7 de julio de 1730. Supuestamente, tras subir al cadalso, Olivier habría arrojado a la multitud un criptograma de diecisiete líneas mientras gritaba: **«¡Que se quede con mi tesoro el que pueda descifrar este código!»**. La dramática escena no aparece en registros ni crónicas de la época, lo que ya debería hacernos sospechar que se trata de un hecho totalmente falso (si hubiera sido real, te aseguro que el siglo XVIII habría estado a rebosar de manuales sobre cómo descifrar el código). Además, la primera mención que tenemos de este dudoso suceso se encuentra en una obra de 1934 titulada *Le Flibustier mysterieux* (*El filibustero misterioso*), que aúna pequeñas píldoras de realidad con datos totalmente ficticios. Está claro que su autor (Charles de La Roncière) quería fascinar y captar la atención del lector a toda costa, pero por desgracia no se dio cuenta de que estaba alimentando un bulo colosal.

Así que **no, no existen los tesoros enterrados por piratas**, por mucho que los Indiana Jones de principios del siglo XX se hayan empeñado en horadar las islas del Caribe en una búsqueda infructuosa (ahí tenemos el ejemplo de la isla de Coco, con alrededor de trescientas excavaciones en los últimos cien años). Lo más parecido a un «tesoro oculto» que puedes encontrar son los fondos marinos (como los de la isla Sainte-Marie) y los barcos que se hundieron cerca de la costa con objetos de valor en su interior, como el galeón español San José en Cartagena de Indias o el Merchant Royal en Cornualles.

Capítulo 14:

TÚ LA JUZGAS, YO LA QUEMO

En lo que llevamos de libro, hemos visto bulos basados en adornos, en injurias, en malas traducciones... Pero ahora vamos a por un **bulo más complejo: el de las brujas quemadas en la hoguera**. A este tipo de bulo lo denomino BULO DUAL, porque ni es del todo verdad ni del todo mentira. Está, por decirlo así, en un limbo de matices.

GORGO DATO

LO PRIMERO QUE TIENES QUE SABER SOBRE LAS BRUJAS ES QUE PRÁCTICAMENTE TODAS LAS CULTURAS DEL MUNDO TIENEN RELATOS SOBRE MUJERES CON PODERES SOBRENATURALES; A VECES SON SACERDOTISAS, OTRAS ADIVINAS Y, EN OCASIONES, HECHICERAS.

En el capítulo «300 hombres y un destino» sobre los 300 espartanos, te dije que el oráculo de Delfos había profetizado la muerte de Leónidas I, ¿verdad? Pues la encargada de dicho augurio era una mujer: la pitia (de aquí viene la palabra «pitonisa», por cierto). Y, si echamos un vistazo a culturas como la nórdica, encontraremos a las *völvas*, mujeres de edad avanzada que practicaban el *galdr* (adivinación), el *spá* (profecía) y el *seiðr* (magia chamánica).

Y es que, hasta la llegada de las religiones abrahámicas (el judaísmo, el cristianismo y el islam), las mujeres tuvieron un gran poder e influencia en las creencias y prácticas religiosas.

Cuando no tienes manera de entender o justificar los acontecimientos que te rodean, lo más sencillo es achacarlo todo a un fenómeno mágico o religioso. Para que lo entiendas mejor, vamos a hacer un ejercicio:

Imagina que vives en una ciudad del Imperio romano alrededor del 165 d. C. Un día tu vecino, un soldado que acaba de volver de Seleucia, te comenta que se encuentra mal y que le duele un poco la garganta. No le das importancia, pero al día siguiente tiene fiebre. A los tres días sufre una terrible diarrea y a los nueve la piel se le llena de pústulas (sí, ya sé que es una visión asquerosilla, pero la enfermedad es lo que tiene; nunca es agradable). Ha contraído la terrible peste antonina (que nosotros llamaremos «viruela») y, para colmo, al no quedarse en casa, la ha esparcido por todo el barrio. **Como estamos en el siglo II, tú no sabes que existen unos pequeños microorganismos infecciosos denominados virus,** así que... ¿cómo vas a justificar esa extraña enfermedad, que se propaga día tras día por el territorio y que podría matarte a ti y a tus seres queridos? Pues diciendo que es una maldición o un castigo divino. Y, por supuesto, vas a actuar conforme a ese pensamiento. Irás a pedirle ayuda a una *veteratrix* (una hechicera) para que te llene de amuletos apotropaicos. Es más, seguramente hagas numerosas ofrendas votivas a los dioses en los templos para rogar por su favor. (Recuerda: las ofrendas votivas eran objetos que se dejaban en lugares sagrados como un regalo para los dioses; mientras que los amuletos apotropaicos eran objetos destinados a protegerse de demonios, espíritus e influjos negativos. ¡No los confundas!).

¿Algo de eso te va a servir para salvarte de la plaga? No. Es más, seguramente te contagies más rápido por estar toqueteando amuletos y asistiendo a rituales multitudinarios, pero tú eso no lo sabes. **Tú crees, con**

absoluta convicción, que toda esa parafernalia te ayudará a sobrevivir, así que le estás agradecidísimo a la *veteratrix* (que también está segura de que te salvarás gracias a su poder) por echarte un cable.

ENTONCES ¿CUÁNDO PASAN LAS BRUJAS DE SER UNA FIGURA POSITIVA A UNA NEGATIVA?

Esto ocurrirá a partir del siglo IV, cuando el discurso poco halagador del cristianismo las convierte en las malas de la película. Y, antes de que te lances a la yugular del párroco de tu pueblo, recuerda que debemos entenderlo todo en su contexto. En aquel momento, **la religión cristiana había logrado calar en el Imperio romano** gracias a Constantino I, que se había convertido al cristianismo tras la batalla del puente Milvio en el 312. Por aquel entonces surgieron concilios y edictos destinados a afianzar el protagonismo de esta religión en todo el territorio y, de hecho, en el 392 Teodosio I el Grande llegó a prohibir cualquier otra práctica religiosa.

Sin embargo, por muchos edictos y normas que haya, **no es tan sencillo lograr que la gente abandone sus creencias primigenias**. ¿Cómo consigues que alguien pase de usar los remedios de la hechicera de su pueblo a ir a misa todos los domingos? La estrategia en estos casos es el **sincretismo** y la **deslegitimación** (por ese orden). El sincretismo religioso es una práctica que ya usaban los antiguos griegos y romanos, y que se basa en **absorber y reinterpretar las creencias paganas**. Un excelente ejemplo de esto son las hogueras que encendemos en regiones costeras de España durante el solsticio de verano. Esta costumbre tiene un origen pagano, pero fue sincretizada por la Iglesia para asociarla con san Juan.

Si la Iglesia hubiera tenido sacerdotisas en lugar de sacerdotes varones, la figura de la hechicera podría haberse sincretizado, igual que pasó con el ritual de las hogueras. Pero, como ese no era el caso, solo les quedó el recurso de la **deslegitimación e invalidación social**. ¿Y cómo se hace eso? Pues **convirtiéndolas en el personaje antagónico** o, lo que es lo mismo, en el enemigo del nuevo orden. Si la Iglesia atrae el perdón y la protección, las hechiceras atraerán a Belzebú. Si la Iglesia atrae el amor y la felicidad, las hechiceras provocarán desgracias como inundaciones o infertilidad.

Así, las practicantes de las creencias ancestrales paganas se transformaron, a ojos del mundo, en brujas.

¿Y POR ESO SE INICIA LA CAZA DE BRUJAS?

Las brujas van a ser consideradas herejes (personas apartadas de la doctrina de la Iglesia) y por eso serán perseguidas y castigadas. Un hereje es un enorme peligro para la unidad de cualquier religión, porque, al negarse a acatar las normas pautadas por el clero, está sentando un precedente.

Piensa en una sala llena de bebés profundamente dormidos (**ya sé que pongo ejemplos muy raros, pero a estas alturas del libro no sé de qué te sorprendes**). Si uno de ellos se despierta y empieza a llorar, lo apartas rápidamente a otra sala para evitar que los demás lo escuchen, se despierten y se arme un concierto de llantos atronador.

La persecución de la herejía se parece bastante a esto: para evitar que se propaguen las creencias contrarias a la fe mayoritaria, alejaban al hereje. Solo que, en lugar de esperar a que este se mostrase abiertamente, la Iglesia se mantenía vigilante ante cualquier movimiento sospechoso, atajándolo con condenas variadas. Volviendo al ejemplo anterior, sería como castigar al bebé en cuanto hay un mínimo indicio de puchero.

La Inquisición fue la encargada de vigilar y castigar a los herejes. En el caso de las brujas, su actividad se desarrolló, principalmente, entre 1450 y 1750.

Inicialmente, los tribunales eclesiásticos eran dependientes de la autoridad civil, pero, con la bula *Summis desiderantes affectibus* del papa Inocencio VIII en 1484, **la Inquisición pasó a tener libertad de acción**. Tanta que sus condenas no podían ser discutidas ni revocadas por un juez. ¡Ah! Y, por si te preguntas qué leches es una bula, te diré que son parecidas a autorizaciones legales pero firmadas por el pontificado.

Esa autonomía de acción provocó que los inquisidores Jacob Sprenger y Heinrich Kramer publicaran el *Malleus maleficarum* (traducido vendría a ser *Martillo de las brujas*) en 1486, un libro que se anunciaba como **la guía definitiva para detectar a una bruja, interrogarla, torturarla y procesarla judicialmente**. Si eres la reencarnación de Jack el Destripador, te parecerá una lectura encantadora para un sábado por la noche.

¿Y ES CIERTO QUE PODÍAN ACUSARTE DE SER BRUJA POR TENER UN LUNAR?

Me temo que sí.

GORGO DATO

LOS INQUISIDORES EXTENDIERON LA CREENCIA DE QUE LAS BRUJAS LLEVABAN UN *STIGMATA* O *SIGILLUM DIABOLI*: UNA MARCA O SELLO DEL DIABLO, QUE PODÍA ESTAR EN CUALQUIER PARTE DEL CUERPO Y PRESENTARSE EN MÚLTIPLES FORMAS. PODÍA SER UN LUNAR, UN ANTOJO DE NACIMIENTO, UNA MANCHA..., ¡HASTA UNA CICATRIZ! Y YA ME DIRÁS, ENTRE EL SIGLO XV Y EL XVIII, QUIÉN PUÑETAS NO TENÍA UNA CICATRIZ...

El caso es que, para asegurarse de encontrar este «sello diabólico», los tribunales ordenaban el afeitado completo de la acusada (¡pero entero, eh! Que no le quedaba ni un pelo en todo el cuerpo) y un examen en profundidad durante horas.

¿Y SI NO ENCONTRABAN NADA? ¿TE EXONERABAN?

Eso depende del país en el que se desarrollara el juicio. En Alemania, por ejemplo, donde la caza de brujas fue una auténtica barbaridad, la falta de evidencias no era un problema para condenarte. Para eso estaban... ¡las comprobaciones finales!

A veces me imagino estos **«psicotécnicos»** como una entrevista **entre Caesar Flickerman (el entrevistador de los *Juegos del Hambre*) y los tributos de los doce distritos.**

—¡Bienvenida, Ursel Hufner! ¿De dónde es? —preguntaría el inquisidor.

—De... De Derenburg. —La pobre Ursel temblaría, aterrada.

—La señorita Hufner ha sido acusada por sus vecinos de brujería. ¿Qué tiene que decir a eso?

—¡Es mentira! ¡Lo juro! Yo nunca...

—Bueno, bueno, Ursel, no nos interesan sus excusas. Está aquí para... ¡las pruebas! —Saltaría una ovación entre los presentes—. Si quiere demostrar su inocencia, tendrá que pasar una de estas pruebas. ¿Está lista?

—N... No, yo...

—¡Vamos, vamos, Ursel! Le dejaremos elegir. ¿Qué le parece si intentamos la ordalía del hierro candente? Tendrá que dar siete pasos mientras sujeta un hierro al rojo vivo. Si después de tres días todavía hay signos de la quemadura en su piel, lo interpretaremos como una señal de que es usted una bruja y será declarada culpable.

Ursel se quedaría callada, ojiplática, pensando cómo es posible que alguien considere viable matarla por no tener la capacidad de regeneración epidérmica de Superman.

—Bien, parece que no le ha gustado esa opción. ¿Qué tal si escogemos una ordalía del agua? ¡Son mis favoritas! Para la del agua caliente solo tiene que meter la mano en una olla con agua hirviendo sin emitir ningún sonido. Pero, si grita, será condenada.

A estas alturas, Ursel ya estaría blanca como el papel y mareada.

—¿Tampoco? ¡Vaya, vaya! ¡Qué exigente nos ha salido la muchacha! Bien, entonces ¿qué tal la ordalía del agua fría? ¡Es tremendamente popular! La ataremos de pies y manos y la arrojaremos a un río. Si se hunde, morirá, pero comprobaremos que era usted una pobre mujer inocente.

—Y... ¿Y si floto? —habría preguntado, rememorando los veranos de su infancia cuando aprendió a nadar en el río.

—Entonces no habrá duda de que es culpable.

Aferrada a la madera de la bancada, Ursel habría apelado a la lógica de los presentes. Aquel proceso de pesadilla era demasiado ridículo para ser cierto. Pero, al comprobar que nadie la ayudaba, habría pedido con un hilo de voz:

—Por favor... No... ¿No hay otra manera?

—¡Claro! Puede elegir la ordalía de las aguas amargas. Solo tiene que beberse un vasito de agua. Pero eso sí, sin derramar una gota ni escupirlo.

—¡Uf! ¡Menos mal! Escojo esa opción.

—¡Excelente! Aunque se me había olvidado decirle que el agua irá mezclada con virutas de piedra del altar de la iglesia. Así que, si vomita o se encuentra mal, demostrará que es usted una bruja y morirá. ¡Buena suerte!

Esta dramatización que he ideado para aflojar la tensión de explicarte semejantes barbaridades es mucho más «amable» con la acusada de lo que ocurría en la realidad. A la verdadera Ursel Hufner la torturaron, la pusieron a prueba sin posibilidad de elección, y la volvieron a torturar hasta que consiguieron su confesión. Fue quemada el 16 de febrero de 1656.

ENTONCES, LAS BRUJAS ERAN QUEMADAS, ¿SÍ O NO?

Depende. Al inicio de este capítulo te expliqué que este era un bulo dual y lleno de matices porque, **en función del país, las condenadas por brujería podían ser ajusticiadas de diferentes formas, así que no podemos generalizar**.

En Inglaterra y las colonias de Norteamérica, por ejemplo, eran ahorcadas porque estaba prohibido quemarlas. En Alemania la hoguera era el método de ejecución más habitual. En Escocia, eran estranguladas primero y lanzadas a la hoguera después. En lo que respecta a Francia había un poquito de todo, ya que la elección dependía por entero del tribunal.

Por cierto, algunos franceses influyentes, como Jean Bodin, protestaron enérgicamente contra la quema de brujas; pero, si estás pensando: «Menos mal, una persona decente», quítatelo de la cabeza. Bodin consideraba que la hoguera suponía una muerte demasiado rápida y que era preferible usar métodos que alargaran el sufrimiento. En fin...

En el caso español, **muy pocos juicios por brujería terminaban en ejecución mortal.** Por norma general, los inquisidores españoles creían que la brujería era un vestigio de las supersticiones antiguas, así que **no la perseguían ni castigaban con el fervor que mostraron los alemanes. Preferían poner multas y requisar bienes patrimoniales a los acusados como penitencia.**

Además, **la Inquisición española estaba más centrada en vigilar a los judíos y musulmanes** (muchos se habían convertido al cristianismo, pero retomaban su antigua religión a escondidas) o en **hacerles la vida imposible a los protestantes** (considerados disidentes por haberse separado de la Iglesia católica).

Por supuesto, hubo excepciones, como los juicios por brujería en Navarra (1525), donde murieron cincuenta personas, o el terrible episodio de Zugarramurdi (1610), con once acusados quemados en la hoguera (cinco de ellos ya habían fallecido durante el periodo que pasaron encerrados en pésimas condiciones).

En Latinoamérica la situación fue bastante similar. La principal preocupación de los inquisidores eran los creyentes de otras religiones, especialmente las autóctonas. Por eso, era habitual que **quemaran ídolos y objetos relacionados con la cultura maya** (como ocurrió en el Auto de Fe de Maní de 1562) o que impartieran **castigos públicos para disuadir a la población de mantener doctrinas ajenas al cristianismo.** En este último caso, destaca el Auto de Fe mexicano de 1574, en el que setenta y un nativos fueron azotados bajo la atenta mirada de sus aterrados congéneres.

Capítulo 15:

NO METAS EL DEDO EN EL PASTEL

Bueno, bueno, bueno, llegamos al último capítulo de este libro con **un bulo de los más gordos: el de María Antonieta diciendo aquello de: «Si no tienen pan, que coman pasteles»**.

GORGO DATO

MIRA, A LOS HUMANOS NOS ENCANTA CREAR MONSTRUOS. TANTO EN EL CINE COMO EN LA LITERATURA (Y A VECES INCLUSO EN NUESTRO DÍA A DÍA) NECESITAMOS UN MALO MALÍSIMO CONTRA EL QUE CARGAR INDISCRIMINADAMENTE; Y, CUANTO MÁS DESALMADO SEA, MEJOR, PORQUE NO QUEREMOS EMPATIZAR CON ÉL. EL VILLANO TIENE QUE REPRESENTAR TODO LO QUE ABORRECEMOS PARA QUE, CUANDO MUERA O DESAPAREZCA AL FINAL DE LA HISTORIA, SINTAMOS QUE SE AVECINA UN FINAL FELIZ.

María Antonieta no era una mujer intachable (¿qué dijimos en el capítulo «Alfombras tejidas con mentiras y ambición»? No hay santos en la Historia, solo personas normales con sus luces y sus sombras), pero **no fue cruel ni indiferente a las desgracias del pueblo francés**.

¿CÓMO ERA REALMENTE MARÍA ANTONIETA?

Para responderte a esta pregunta, tengo que empezar por el principio: María Antonieta fue la décimo quinta hija de María Teresa de Habsburgo y Francisco Esteban de Lorena y Borbón-Orleans (más conocido como emperador Francisco I). Nació el 2 de noviembre de 1755 en Viena, y su nombre completo era María Antonia Josefa Juana, pero, como compartía nombre de pila con su madre y sus ocho hermanas, **todo el mundo la llamaba «Antoine»**. Por cortesía y practicidad, en este capítulo vamos a referirnos a ella de esta manera.

Como pasaba con Juana I de Castilla, Antoine fue educada para obedecer los deseos de la nación y convertirse (al igual que el resto de sus hermanos y hermanas) en otra pieza del ajedrez político europeo. Por lo que contaban sus preceptores y cuidadoras, fue una niña dependiente y angustiada por lograr la aprobación de sus semejantes. Hoy diríamos que padecía el «síndrome de la niña buena», pero, en aquel entonces, comentaban que **era demasiado complaciente**.

No es difícil, por tanto, imaginar la reacción de Antoine tras saber que sus padres la habían prometido con el futuro Luis XVI: probablemente se quedaría en silencio o asentiría levemente con la cabeza.

«Como digáis —puede que respondiera a su madre—, acataré vuestra decisión de buen grado».

Seamos claros: **Antoine habría aceptado cualquier cosa con tal de ser considerada «la hija perfecta».**

Durante la despedida, seguramente mantuvo la compostura y se forzó a sonreír mientras decía adiós a todo aquello que conocía. Antoine sabía que se marchaba a un país donde despreciaban a los austriacos; así que estaría completamente sola y no sería bien recibida. Pero, aun con semejante panorama, nunca protestó. Solo tenía catorce años cuando se encaminó a Versalles para convertirse en delfina (princesa de Francia).

Yo siempre digo que Antoine vivió tres etapas: la adaptación (de 1770 a 1773), el asentamiento (de 1774 a 1775) y la caída (de 1776 a 1793).

El periodo de adaptación empieza con una Antoine de catorce años, recién llegada a Versalles y que se obsesiona con encajar. Para ser aceptada como una más, tiene que renunciar a todo cuanto le es familiar: sus damas de compañía, sus efectos personales, sus perros... **¡Hasta tiene que dejar de ser Antoine para convertirse en Antoinette!**

Y eso sin contar con que debe adaptarse al rígido protocolo de la corte, que la obliga a ser observada por decenas de desconocidos mientras se viste, come o reza. A efectos contemporáneos, es casi como un animal en un zoo.

Además, si quiere encajar, no le queda más remedio que **asumir los gustos franceses** (mucho más pomposos que los de su Viena natal) como propios. Seguro que has visto películas y retratos de Antoine con esa altísima peluca empolvada y llena de adornos. Eso es el *pouf* y, durante años,

MON DIEU!

se ha dicho que fue creado para ella, porque la reina francesa necesitaba presumir y llamar la atención constantemente.

La realidad es que este estilo ya se usaba antes de que Antoine pusiera un pie en Francia y es probable que, al principio, aborreciera aquel peinado. Antoine estaba acostumbrada a los recogidos y rizados de Larsenneur, pensados para disimular aquella frente que su madre criticaba sin descanso, diciéndole que era «demasiado ancha».

Lo mismo podríamos decir de los frondosos vestidos y del exagerado colorete con el que debía cubrirse las mejillas. Es posible que se sintiera ridícula al principio, pero se mostró dispuesta a todo con tal de ser aceptada.

El siguiente periodo, al que yo llamo de asentamiento, nos muestra la faceta más auténtica de Antoine. Cuando Luis XVI asciende al trono (1774), una de sus primeras medidas es **regalarle una pequeña construcción neoclásica situada en los terrenos del palacio de Versalles: el Petit Trianon**.

En este espacio, Antoine puede ser ella misma: organiza almuerzos, abandona los vestidos frondosos por muselinas y cortes campestres, y disfruta dando rienda suelta a su mayor afición: la interpretación teatral.

¿ME ESTÁS DICIENDO QUE ERA ACTRIZ?... ¡¿QUÉ DICES?!

¡Por supuesto! Verás, la infancia de Antoine transcurrió entre tres residencias reales: el palacio imperial de Hofburg (utilizado en los meses de invierno), el palacio de Schönbrunn (ideal para pasar la primavera y el verano) y el palacio de Laxenburg. Estos dos últimos estaban rodeados por una frondosa vegetación e incluían un pequeño teatro en el que Antoine y sus hermanos solían representar breves obras.

La nobleza de Versalles no habría visto con buenos ojos que su reina actuara en público, pero el escenario que monsieur Mique le construyó con terciopelos azules y dorados en el Petit Trianon era otra historia. **Antoine disfrutaba interpretando los papeles más humildes (como campesinas y taberneras) para sus amigos y su marido.**

Este ínfimo periodo será, a mi juicio, el único respiro que tendrá Antoine.

¿Y LA TERCERA ETAPA? ¿LA DE «LA CAÍDA»?

Yo diría que esa etapa se inicia en 1776, cuando **algunos franceses componen canciones y poemas satíricos que se ceban con ella y sus supuestas dificultades para quedarse embarazada.**

¿LA CRITICABAN POR NO QUEDARSE EMBARAZADA?

Así es. **El pueblo francés esperaba que Antoine le diera un heredero a la corona, pero Luis y ella tardaron siete años en consumar el matrimonio.** Ya, ya sé que estás poniendo los ojos como platos, pero esto tiene una explicación: la teoría más extendida (aunque aún discutida) señala que Luis padecía una severa fimosis que le impedía consumar el matrimonio, pero tampoco quería operarse por miedo a que algo saliera mal. Bueno, era el siglo XVIII, podemos entenderle. Desgraciadamente, el pueblo responsabilizó de todo a Antoine y la situación se volvió tan hostil que el emperador José II (su hermano) tuvo que personarse en Versalles para convencer a Luis de solucionar su problema (fuese este el que fuera). ¡Seis semanas estuvo José en aquel palacio, discutiendo día sí y día también! La correspondencia que mantuvo con su hermano Leopoldo da cuenta del nivel de frustración que le provocaba la actitud de Luis XVI.

Por suerte, parece que al final la visita dio sus frutos, porque **el 19 de diciembre de 1778 nació María Teresa Carlota de Francia, la primogénita de la pareja.**

¿Y QUÉ ME DICES DE LOS GASTOS DE MARÍA ANTONIETA? NO LA APODARÍAN MADAME DÉFICIT POR NADA...

No te voy a mentir: **Antoine no era una persona muy ahorradora que digamos**. Pero, en honor a la verdad, **ningún miembro de la familia real lo era.**

Durante el periodo como delfina de Francia, su asignación anual para vestidos ascendía a 150.000 libras francesas; casi la misma cantidad que se le concedía a madame du Barry (amante de Luis XV) para gastar en encajes.

Sin embargo, a partir de 1775, los gastos aumentaron considerablemente. Y es que **los entretenimientos banales y el juego se convirtieron en una vía de escape, un recurso para evadirse ante las constantes críticas que recibía por no quedarse embarazada**. Al no saber cómo gestionar la situación y juntarse con compañías propensas a los excesos, Antoine empezó a despilfarrar cada vez más.

En el verano de 1776, cuando ronda los veintiún años, la reina se da cuenta de que ha gastado 500.000 libras en naderías. Por supuesto, sus gastos no son nada en comparación con los de sus cuñados: Carlos X de Francia (por aquel entonces conde de Artois) acumulaba deudas por valor de veintiún millones de libras, y Luis XVIII de Francia (con título de conde de Provenza) llegaba a los diez millones. Tampoco puede compararse con los costosos caprichos de las tías del rey, que se dejaron tres millones de libras en un balneario de Vichy. Pero eso no importa. **No importa que Francia lleve demasiado tiempo padeciendo los excesos de la dinastía Capeto y las pésimas decisiones de sus líderes.**

Solo importa que hay una extranjera en el trono, una mujer que no le da hijos al rey y que, además, gasta un dinero que no le pertenece. Para Francia, Antoine será la *l'Autrichienne* (fíjate en el terrible juego de palabras: *l'Autrichienne*, la austriaca, sonará en francés como *l'autre chienne*, «la otra perra»).

A partir de 1781, con el nacimiento del delfín (Luis José de Francia), su tren de vida se estabilizará, pero **Antoine no empezará a reducir gastos drásticamente hasta 1786, momento en que el Estado se encuentra al borde de la quiebra.** Será entonces cuando deje todos los excesos y trate de convencer a su esposo de que renuncie a sus propios lujos (como las cacerías diarias y los 2.000 innecesarios criados que lo rodean). Pero, haga lo que haga, las cuentas seguirán sin cuadrar. La familia real gasta 400.000 libras mensuales solo en carne y pescado, y más de 272.000 libras en trajes. **Por cada par diario de zapatos que estrena el conde de Artois, el pueblo se sume un poco más en el hambre y la desesperación.**

¿Podría Antoine haber hecho más en aquel momento? ¿Podría haberse plantado frente a su familia política para exigirles que recortasen gastos? Lo cierto es que no. Antoine no tiene auténtico poder porque Luis XVI (aunque la quiere) prefiere seguir la línea de sus predecesores: el rey gobierna y la reina lo provee de herederos.

Luis decidirá, de manera unilateral y siguiendo el consejo de Turgot, liberalizar el comercio del grano (1774). Luis decidirá, con indiferencia de cualquier opinión que pudiera tener su esposa, que Francia debe participar en la guerra de Independencia de Estados Unidos (1775-1783) aunque ello agrave la situación. Al igual que las otras reinas florero, Antoine no decide. Puede opinar, claro; pero, la mayor parte de las veces, sus palabras se las llevará el viento.

Aun así, ella se comerá la mala fama; se convertirá en la mala de la película, en la villana. Y, tras el asunto del collar, será conocida como madame Déficit.

¿QUÉ ES EL ASUNTO DEL COLLAR?

El asunto del collar fue una estafa orquestada por Jeanne de Valois-Saint-Rémy, condesa de Lamotte, en la que Antoine se vio envuelta de manera totalmente involuntaria. Fue, por decirlo así, el señuelo.

Todo empieza cuando Luis XV encarga a los joyeros Boehmer y Bassenge que realicen un collar de diamantes para su amante madame du Barry. Luis XV fallece en 1774 y los joyeros se dan cuenta de que deberían haber pedido un adelanto, porque ahora **tienen una joya de seiscientos cuarenta y siete diamantes, y ningún comprador.**

En 1781, tratan de convencer a Antoine de que lo compre para celebrar el nacimiento de su primer hijo varón, pero ella lo rechaza.

«Por los casi dos millones de francos que cuesta —les dice— prefiero financiar la construcción de un barco para la Armada».

¡Normal, oye! Menudo precio...

El asunto parecía zanjado, pero el 12 de julio de 1785 Antoine recibe una extraña e inesperada carta de Boehmer en la que «aceptaba los términos dispuestos» y que terminaba recalcando que se siente satisfecho sabiendo que «el juego de diamantes más hermoso del mundo estará a disposición de la más grande y mejor de las reinas». Siempre me imagino a Antoine releyendo varias veces esa carta, dándole la vuelta, frunciendo el ceño y pensando qué leches se había perdido, porque aquellas palabras no tenían sentido para ella.

Pero el 3 de agosto se abrió el melón: Boehmer le confesó a madame Campan, camarera mayor de la reina, que **el cardenal Rohan había comprado el collar de parte de su alteza**. Y aquí te hago un inciso: Rohan y Antoine se llevaban peor que el Joker y Batman. No se habían dirigido la palabra en ocho años, así que **la reina jamás le habría encargado ninguna tarea a Rohan (ni aunque su vida dependiera de ello). Y Rohan lo sabía de sobra, pero fue engañado**.

Alguien le había dicho que la reina adoraba aquel collar y que, si lo conseguía, no solo recuperaría el favor de Antoine, sino que esta le devolvería el dinero a plazos. Y ese alguien fue la condesa de Lamotte. Con ayuda de su marido y su amante, se convirtió en la intermediaria de la transacción, asegurándole a Rohan que entregaría el collar a su majestad tras pagar el adelanto de 30.000 libras a los joyeros. Por supuesto, el collar nunca llegó a las manos de su supuesta futura dueña y, como en un *remake* rococó de *Ocean's 8*, el conde de Lamotte lo desmontó y llevó a Londres para venderlo.

¿Y CÓMO SE SUPO QUE MARÍA ANTONIETA NO HABÍA TENIDO NADA QUE VER CON AQUELLO?

Por un descuido de los estafadores. Habían entregado varias notas al cardenal, fingiendo que se trataba de la letra y firma de Antoine, dando instrucciones sobre cómo actuar de cara a la compra. Pero **cometieron la torpeza de firmarlas como «María Antonieta de Francia», cuando las reinas francesas solo firmaban con el nombre de pila**. Las pocas veces que debía firmar algo, Antoine lo hacía como «Antoinette» o, como muchísimo, como «Marie-Antoinette».

Por supuesto, aunque durante el proceso se demostró la inocencia de Antoine (por favor, ¡es que ni siquiera la letra se parecía a la suya!), el pueblo ya la había juzgado por su cuenta. **El escándalo dio lugar a cientos de historias sensacionalistas y Francia se convirtió en un programa de cotilleo de media tarde. Solo hizo falta que saltara una pequeña chispa de hambre y hartazgo para que estallara la Revolución en 1789.**

El 13 de octubre de 1793, Antoine será **juzgada por alta traición, acusada de pactar con potencias extranjeras e influir en todas las malas decisiones de Luis XVI** (es curioso cómo los aciertos políticos del monarca nunca fueron atribuidos a terceros). Por supuesto, los delitos son falsos. No hay pruebas en contra de Antoine y todo el mundo sabe que Luis actuaba *motu proprio*. Pero **Francia necesita matar a su villana**, a su «enemiga declarada» para que el cuento tenga el tan ansiado «final feliz». En algún momento del juicio, Antoine debió darse cuenta de que, dijera lo que dijese, el veredicto sería la guillotina.

¿Y LO DE LA FRASE «SI EL PUEBLO NO TIENE PAN, QUE COMAN PASTELES»? ¿DE DÓNDE SALE?

Esa frase aparece por primera vez en la autobiografía de **Jean-Jacques Rousseau**, *Confesiones*, atribuida a una princesa francesa de la que no se menciona el nombre. Nos dice: **«Recordé lo peor de una gran princesa, a quien se dijo que los campesinos no tenían pan, y respondió: "Si no tienen pan, que coman la corteza del paté"».** Aunque las memorias de Rousseau fueron publicadas póstumamente (1782), sabemos que las escribió entre 1765 y 1769, cuando Antoine tenía entre 10 y 13 años. En esa época, la chiquilla ni siquiera vivía en Francia, no era delfina (no hasta 1770) y, desde luego, tampoco reina (al menos hasta 1774). Así que la cronología absuelve a Antoine.

MiMiMiMí

Atendiendo a la época y los periodos de hambruna, lo más probable es que «la gran princesa» que menciona Rousseau fuera **María Teresa de Austria y Borbón**, hija de Felipe IV e Isabel de Borbón, y esposa de Luis XIV (el conocido como Rey Sol). De hecho, si revisamos las memorias del cuñado de María Antonieta (el conde de Provenza) publicadas en 1823, comprobaremos que menciona a su antepasada María Teresa diciendo la dichosa frase.

La adaptación de la cita (de la corteza del paté al brioche y los pasteles) fue cosa de Alphonse Karr, quien la puso en boca de Antoine en una edición de la revista *Les Guêpes* para marzo de 1843. Alphonse sabía que, **si bien habían pasado cincuenta años desde que Antoine fuera guillotinada en la plaza del Carrusel, los cotilleos sobre los excesos y crueldades de la austriaca seguían funcionando para vender más ejemplares**. Su estrategia, no tan diferente de lo que se hace hoy en día con las revistas del corazón, funcionó a las mil maravillas. Tanto que, incluso en la actualidad, mucha gente continúa tragándose este bulo.

Aclaraciones por capítulos

A lo largo de todo el manual he utilizado las abreviaturas «a. C.» y «d. C.» para fechar años y siglos. Aunque suelo recomendar el uso de las formas «*Before Present*» (antes del presente, abreviado como BP) y «*After Present*» (después del presente, abreviado como AP), soy consciente de que la mayor parte de la población no está familiarizada con ellas. Por eso, de cara a facilitar la comprensión y la lectura de cada capítulo, he apostado por la designación tradicional.

Capítulo 1

La filogenética de la familia *Hominidae* es como un puzle que nos permite reconstruir nuestra genealogía, pero eso no significa que sea una ciencia perfecta o carente de alteraciones. Establecer los grados de parentesco evolutivo es extremadamente complejo y delicado, además de que tiene limitaciones. Debes tener claro que las hipótesis no son certezas absolutas, sino que dependen del trabajo de paleoantropólogos maravillosos que intentan encajar los nuevos descubrimientos (y sus lagunas) en el escenario evolutivo. Y, por supuesto, las clasificaciones sufren cambios de una década a otra para adaptarse. Por ponerte un ejemplo, actualmente la familia *Hominidae* incluye a los grandes simios de géneros como el *Pongo* (al que pertenecen los orangutanes), el *Gorilla* (supongo que ya habrás adivinado qué animal se clasifica en este género) o el *Pan* (como los chimpancés); pero, en los años ochenta del siglo pasado, esta clasificación habría sido impensable.

Aunque he intentado simplificarlo todo lo posible hablándote solo de familia y género, tienes que saber que las categorías taxonómicas son mucho más complejas y que incluyen taxones como el reino, la clase, el orden, el suborden, el infraorden, el parvorden, la superfamilia, la subfamilia, la tribu o la subtribu. Vamos, ¡es que ni Marie Kondo habría podido clasificarlos con tanto detalle! De hecho, si queremos ser más precisos con respecto a nuestra categorización filogenética te cuento que, dentro de la familia *Hominidae*, nosotros formamos parte de una subfamilia denominada *Homininae*. Lo sé, lo sé, puede ser un poco complejo al principio, pero te aseguro que todo es acostumbrarse.

Si estás familiarizado con los estudios sobre neandertales, es probable que hayas echado en falta la *teoría de la asimilación* en la lista de hipótesis sobre su extinción. Esta teoría está basada en ese 4 por ciento de ADN neandertal que te mencionaba al principio del capítulo, y plantea que la desaparición de nuestro pariente habría sido provocada por el mestizaje o hibridación progresiva con el *Homo sapiens*. Personalmente, creo que es una teoría fascinante pero, de momento, no podemos considerarla una explicación única ni definitiva.

Por último, te cuento que hay un enorme debate con respecto a las pinturas rupestres y el método de datación U-Th o uranio-torio. Fechar este tipo de vestigios prehistóricos es tremendamente complejo, incluso cuando se utiliza el C14 (carbono 14). Como profesional, soy partidaria de utilizar diferentes técnicas de análisis para contrastar cronologías, pero también me parece importante estar abierta a nuevas hipótesis. Si buceas un poquito por internet, encontrarás decenas de estudios y cientos de artículos que se posicionan a favor o en contra de esta nueva datación.

Capítulo 2

La clasificación cronológica de las dinastías egipcias puede ser un auténtico caos debido a su complejo desarrollo. Por una cuestión de afinidad, me he centrado en la periodización de John Baines y Jaromír Málek. Esto no significa que la propuesta cronológica de otros egiptólogos sea errónea o menos precisa, sino que (personalmente) prefiero esta.

Aunque los hipogeos tuvieron una gran relevancia durante el Reino Nuevo, no son estructuras exclusivas de esa fase ni de los egipcios. Tenemos ejemplos de hipogeos neolíticos, como el hipogeo de Ħal Saflieni, que data de alrededor del 300 a. C. y se encuentra en Malta. Y también hipogeos del siglo VI al X en el Parque Arqueológico Nacional de Tierradentro (Colombia). Y no, no es que sus ingenieros estuvieran en contacto a través de un bucle espaciotemporal al estilo de *Star Trek*. Lo que ocurre es que las cámaras funerarias subterráneas fueron la solución más lógica a nivel arquitectónico y religioso para muchas culturas; de ahí su parecido y desarrollo.

Capítulo 3

Al hablar de las amazonas, es fundamental (y espero haberlo conseguido a lo largo de este capítulo) que separemos la tribu real de Escitia del mito griego. La ginecocracia y la misandria (odio hacia los hombres) fueron una constante en los relatos mitológicos, pero nada tienen que ver con las tribus escitas.

Por último, seamos cautos al considerar que los escitas (y en este caso los Αμαζόνες o amazones) fueron sociedades igualitarias. El término «igualdad» ha cambiado mucho a lo largo de los siglos, y no tiene el mismo significado para nosotros que para ellos. Hoy en día, definimos la igualdad como la búsqueda de un trato idéntico para ambos sexos en todos los ámbitos, pero es muy difícil (por no decir imposible o erróneo) superponer esta acepción al modo de vida amazona. En todo caso, yo diría que se trató de una sociedad en la que destacaba la paridad, es decir, la participación equilibrada de hombres y mujeres en diferentes esferas de la vida cotidiana.

Capítulo 4

Algunos historiadores datan la Segunda Guerra Médica del 480 a. C. al 479 a. C., considerando que la derrota persa en Platea y Mícala supuso el fin de la guerra. Opino que es una cronología acertada para el término de las grandes contiendas bélicas, pero, si queremos señalar el fin del conflicto como tal, me inclino por el 478 a. C., con la caída del puente en el Helesponto.

Por otro lado, existe la teoría de que las Carneas fueron una excusa para no participar en la batalla. El papel de Esparta con respecto a la seguridad de otras polis solía ser bastante pasivo e indiferente, así que muchos clasicistas asumen que las fiestas religiosas no fueron más que un pretexto. No voy a negar que existe esa posibilidad, pero me parece que también debemos tener en cuenta la enorme influencia que tenía la religión (y la superstición) en el día a día de las polis griegas. Los antiguos griegos temían enfurecer a las deidades si las ofrendas votivas eran insuficientes o si los rituales no se llevaban a cabo con la rigurosidad acostumbrada. Por tanto, no descartaría la versión inicial, en la que los lacedemonios prefirieron evitar un cabreo de los dioses, aunque eso significase una derrota militar.

Capítulo 5

Que me muestre cautelosa a la hora de diagnosticar enfermedades mentales de un personaje histórico a través del relato de terceros (como Suetonio) no significa que invalide la opinión de médicos y psiquiatras al respecto. Considero que su conocimiento sanitario es extremadamente valioso y que los estudios neuropsiquiátricos sobre Calígula resultan de gran interés.

Por otro lado, quiero destacar que el asesinato de la esposa e hija de Calígula no fue solo una cuestión de ensañamiento, sino una estrategia política: al eliminar a los familiares directos, el Senado se aseguraba la elección de un nuevo líder. Pero, por cosas de la vida, los miembros de la conjura no encontraron a *tito* Claudio, que se había escondido en cuanto empezó la revuelta. Así, casi por casualidad, Claudio salvó la vida y acabó convertido en el nuevo emperador.

Capítulo 6

Como te comentaba en la introducción, este libro no pretende ser un ensayo, sino un texto divulgativo que te ayude a sentar algunas bases históricas y corregir bulos (en este caso, el de que los gladiadores eran esclavos que luchaban a muerte para divertir al emperador). Así que me he dejado muchos datos interesantes en el tintero. Por ejemplo, no te he contado que había diferentes tipologías de gladiadores (ni todos vestían igual ni todos tenían las mismas armas ni, ciertamente, daban el mismo espectáculo).

Tampoco te he explicado que las victorias se premiaban con una hoja de palma entregada por el *editor*. O que el *editor* era el promotor de los juegos (vamos, el que ponía el dinerillo para organizarlos) y no tenía por qué ser el emperador; podía ser un miembro acaudalado de la sociedad.

Otra figura importante es la del *lanista*, que solo te he mencionado de pasada durante el capítulo. Para no hacerte mucho lío, el *lanista* era el dueño de la compañía de gladiadores, que se encargaba de entrenarlos, mantenerlos y pagarles el salario. Cuando el *editor* tenía un evento, hablaba con el *lanista* para alquilarle la compañía.

Y, por supuesto, ¡no puede faltar el árbitro! Entre otras cosas, explicaba las reglas del combate e intervenía en caso de que estas no se respetaran.

Quizá al final del capítulo te hayas hecho un lío con la designación en latín de *noxii* y *noxius*. Si es así, déjame explicarte que *noxii* es un plural (vendría a significar «condenados») y que *noxius* sería el singular («el condenado»).

Capítulo 7

Me parece importante destacar que, por chocante que pueda parecernos, los matrimonios entre parientes fueron muy comunes, tanto en el Antiguo Egipto como en otras partes del mundo (recuerda que Carlos I de España se casó con su prima Isabel de Portugal). En el caso que nos ocupa, no solo servían para afianzar el poder sino para reafirmar la naturaleza divina de la pareja porque, a su manera, estaban imitando a Osiris e Isis, dioses principales de su mitología que son hermanos y esposos.

También debes saber que no todas las corregencias se pensaban con vistas a tener descendencia sino a evitar que un sobrinito o primito se alzase para usurpar el trono. Ptolomeo IX, padre de Ptolomeo XII, se casó con sus familiares Cleopatra IV y Cleopatra Selene con este fin y para legitimarse en el poder, pero su sucesor no nació de ninguna de ellas, sino de una mujer de su harén con quien no tenía parentesco.

Por otro lado, continúan existiendo fascinantes debates sobre la legitimación del poder gubernamental por vía matrilineal. Algunos egiptólogos consideran que solo las reinas y princesas de las dinastías egipcias (como receptoras de la semilla de Amón-Ra) podían transmitir los derechos sucesorios y monárquicos. Por supuesto, se trata de una hipótesis controvertida y que cuenta con tantos detractores como partidarios. Lo que sí está fuera de toda discusión es que estas mujeres de la familia real tuvieron una gran relevancia para los monarcas (de hecho, cuando un rey no tenía relación directa con la línea de sangre real, la solución para validar su gobierno era casarse con una de ellas).

Finalmente, no es mi intención que veas a Cleopatra como un ser humano perfecto e inmaculado, incapaz de matar a una mosca. Seguramente me repito más que el ajo, pero lo diré otra vez: todos los personajes históricos tienen sus luces y sus sombras. Cleopatra tomó malas decisiones y metió la pata en muchas ocasiones, como cualquier político o dirigente. El problema, en el caso de la reina egipcia, es que las fuentes grecolatinas extendieron sobre ella un manto de rumores tan espeso que apenas podemos bosquejar su auténtica personalidad. En este sentido, las fuentes árabes que la definen como una mujer culta y una gobernante íntegra, pueden ser de lo más interesantes para ayudarnos a establecer un término medio entre ambos relatos.

Capítulo 8

Me consta que muchos manuales descartan el siglo XIII como parte del románico. No obstante, y dado que muchas representaciones de 1250 se corresponden con este estilo artístico, me ha parecido pertinente incluirlo en la clasificación cronológica.

Con respecto a los derechos feudales y la repartición de la tierra, no he podido extenderme tanto como habría querido, pero me gustaría que supieras que se trató de un sistema complejo y lleno de peculiaridades que cambian según el país y el siglo. Habrá diversos vínculos de dependencia, surgirá el vasallaje, en determinadas regiones tendremos los alodios (parcelas regentadas por campesinos libres), encontraremos alusiones a los *villeins* o siervos de la gleba... Si todos estos temas te resultan de interés, te redirijo una vez más a la bibliografía, para que no tengas que esperar por mí y mi próximo libro.

Por último, no me gustaría que pensaras que los artistas del Renacimiento y los ilustrados eran unos señores malvados que disfrutaban creando bulos sobre la Edad Media a diestro y siniestro. Ahora que has leído ocho capítulos, ya habrás notado que ninguna época histórica está exenta de errores interpretativos por parte de sus herederos. Igual que la cultura grecolatina malinterpretó las corveas egipcias y los habitantes del medievo no entendieron a los romanos con los juegos de gladiadores, los pensadores de los siglos XV al XVIII no asimilaron correctamente la realidad de la Edad Media.

Capítulo 9

Una de las mayores disyuntivas que encontramos en el estudio de los pueblos nórdicos es su clasificación. Para algunos especialistas, los pueblos nórdicos serían los daneses, noruegos, suecos y, *a posteriori*, los islandeses. Otros, incluyen a los pueblos de las regiones bálticas (como los lituanos) y países como Finlandia, lo que (a menudo) propicia el error de etiquetarlos como vikingos. Tienes que saber que los pueblos fino-bálticos nunca participaron de las razias vikingas escandinavas, aunque sí que mantuvieron contactos comerciales con sus vecinos y compartieron muchas de sus características culturales. Otro detalle interesante y que genera mucha controversia es el tema del lenguaje, ya que los habitantes de Escandinavia y sus colonias hablaban normánico antiguo (surgido del protonórdico), pero los fino-bálticos empleaban una lengua de la familia fino-úgrica. Hay quien opina que esto es motivo suficiente para no considerarlos parte del pueblo nórdico y, quien lo considera una característica individualizadora pero no excluyente (al igual que la cultura mediterránea engloba países en los que se hablan diferentes idiomas).

Como ves, la sociedad nórdica es tremendamente compleja y necesitaría un libro entero para explicarte los pormenores de su evolución histórica, social y política. El contacto constante con los pueblos aledaños y las culturas del sur convirtió a los *Norskr* en un grupo polivalente, capaz de adaptarse al devenir de los tiempos. Así lo demuestran sus asentamientos, sus ajuares funerarios e incluso sus sagas, que cabalgan entre el mito y la realidad histórica.

En este caso, y para no desviarnos demasiado del tema principal, hemos navegado por los primeros saqueos y los coletazos iniciales de la vida vikinga. No obstante, ¡nos queda mucho de lo que hablar! En un futuro, espero que me acompañes a conocer todos los detalles sobre los *micel here* (o «grandes ejércitos») del año 860 en adelante, las figuras judiciales y el papel de las mujeres en la sociedad.

Capítulo 10

Ya sé que me odias por decir que Marion Braidfute es un personaje ficticio, pero a las pruebas me remito. Todo apunta a que fue una invención de los Bailie de Lamington (siglo XVI), una familia de aristócratas que pretendía ganarse el favor de la reina María de Escocia diciendo que eran descendientes legítimos de William Wallace. Y, como no se le conocía esposa al pobre William..., ¡tuvieron que inventarse una!

Es posible que al final de este capítulo te hayas quedado ojiplático con eso de que el cuerpo de Robert acabó en un sitio y su corazón y vísceras en otro. Bueno, pues no te preocupes, que no lo hicieron picadillo ni nada por el estilo. En realidad, era parte del proceso habitual al embalsamar a monarcas medievales.

Capítulo 11

En este caso me he centrado en el conocimiento sobre la esfericidad de la Tierra en Europa, pero me gustaría que tengas claro que no se limitó a un único continente. En China, durante la dinastía Han (de 206 a. C. a 220 d. C.), el astrónomo Zhang Heng planteó dicha esfericidad, explicó los eclipses y trazó mapas estelares. Por otro lado, los astrónomos indios Varahamihira (siglo VI d. C.) y Brahmagupta (siglo VII d. C.) también estaban seguros de que la Tierra era redonda.

Es probable que te hayas dado cuenta de que, al final de este capítulo, menciono el primer globo terrestre fabricado en la historia de Europa. Este apunte («de Europa») es extremadamente importante, porque tenemos constancia de uno anterior en la historia de Asia. Se trata de un globo terráqueo diseñado por Jamal al-Din en 1267 (es decir, dos siglos antes).

Por último, te cuento que los protestantes del siglo XVI tuvieron su dosis de responsabilidad en la propagación de este bulo, al igual que Jefferson la tuvo con el bulo de Galileo y la tortura inquisitorial. Pero de ambos datos te hablaré en el segundo volumen de este libro (vamos, siempre que este tenga éxito suficiente como para que llegue a escribir el segundo).

Capítulo 12

Al igual que aclaré en el capítulo «¡Este caballo no es mi cónsul!», al presentar la historia de Juana I de Castilla no pretendo desestimar el diagnóstico de los especialistas de la salud. Ellos han intentado dar respuesta a si tenía (o no) una enfermedad mental, y debemos valorar positivamente su esfuerzo. Ahora bien, considero que debemos actuar con prudencia a la hora de guiarnos por los relatos de fuentes cercanas a Fernando, Felipe y Carlos, cuya prioridad fue mantener a Juana lejos del poder. Personalmente, si tuviera que apoyar alguna de las hipótesis de psicólogos y psiquiatras, sin duda me decantaría por la de aquellos que apuntan a una severa depresión.

A la pregunta de si Juana fue maltratada por Felipe, creo que la respuesta es evidente. Felipe nunca se deshizo en delicias con ella, que digamos. Pero la pregunta más importante (y más dura si cabe) sería... ¿cómo de habitual era este tipo de trato hacia las mujeres?, ¿cómo de normalizado estaba aquello para que una mujer que intenta salir de su encierro o luchar por sus derechos fuera considerada una loca? Te dejo reflexionando mientras preparo un pódcast sobre ello.

Capítulo 13

La existencia de Eustaquio el Monje no ha estado libre de controversia. Algunas fuentes se contradicen con respecto al asesinato de su padre, y otras aportan más información sobre sus maniobras como bandido que sobre su contexto histórico.

Una de las fuentes que considero más interesantes es un romance francés de 1284 que, si bien tiene muchos adornos y florituras, puede darnos una ligera idea sobre la vida de Eustaquio. Al igual que ocurría con el poema de Blind Harry («The Wallace»), es tarea del historiador separar la paja del trigo para entender al personaje al margen de su leyenda.

En este capítulo, no he querido pasarme desgranando su historia para evitar extenderme de manera innecesaria, pero, en un futuro, espero poder hablarte de Eustaquio con más detalle.

Capítulo 14

Que me haya centrado en la caza de brujas femenina no significa que fuera un fenómeno exclusivamente vivido por las mujeres. Cerca de un 30 por ciento de los procesados por brujería en Europa fueron varones. Eso sí, hay que reconocer que muchos eludieron sus castigos con más facilidad que las mujeres.

Del mismo modo, no he comentado la situación de las brujas durante la Edad Media para poder centrarme en la Edad Moderna, pero eso no significa que vivieran felices y de maravilla hasta el siglo XV. La presión religiosa fue muy fuerte desde el siglo IV d. C., así que los practicantes de cultos considerados paganos fueron abiertamente rechazados y castigados por la sociedad ya en aquel entonces. Existen registros sobre juicios contra mujeres que, presuntamente, habrían hechizado a hombres utilizando la pelusa de su ombligo o macerando pedazos de pescado entre sus genitales. ¡Puaj! La magia en la Edad Media era una cochinada...

Capítulo 15

La división de la vida de María Antonieta (Antoine) en Francia en tres etapas es un recurso creado por mí para que entiendas su comportamiento y su contexto. No encontrarás este tipo de periodización en otros manuales. Lo siento.

No es mi intención perdonar los excesos económicos de Antoine, pues es innegable que sus gastos repercutieron negativamente en las arcas y el pueblo francés. Pero, como espero haber sido capaz de transmitir a lo largo de este capítulo, no podemos culparla por entero de la crisis económica que vivía Francia. Al margen de los enormes gastos de su familia política, lo cierto es que ya en época de Luis XIV (1643-1715) las políticas de Richelieu y Mazarino habían empobrecido terriblemente al país.

Agradecimientos

Un bulo muy extendido es que la elaboración de un libro es algo exclusivo de su autor; y, aunque a mí me ha tocado la tarea de darle forma a mis conocimientos, lo cierto es que este pequeño velero del saber no habría llegado a navegar sin la ayuda de una tripulación a la que estoy enormemente agradecida.

Gracias a todos los miembros del sello editorial Penguin Random House que participaron en este proyecto. Al equipo de diseño, a los correctores, a los maquetadores y a Ana (mi editora), que no flaqueó cuando a mí me tentaba la idea de volver a puerto. También quiero agradecer a Diana Robles (@dianaconda_) su increíble trabajo como ilustradora, su entusiasmo y su cercanía.

Como puede comprobarse por la extensa bibliografía que acompaña a este libro, ninguno de estos quince capítulos habría sido posible sin las publicaciones de los historiadores y especialistas que me precedieron. Así que... ¡gracias, compañeros, porque un barco no es nada sin sus velas!

A mi familia, por su paciencia y comprensión durante las largas horas que pasé inmersa en la escritura, así como por el apoyo y cariño constantes. A lo largo de toda mi vida, me han ayudado a sortear los obstáculos, han compartido mi dolor y festejado mis alegrías. Gracias por enseñarme a ser tenaz y a mantener firme el timón.

Gracias a mi pareja, que ha sido mi lector beta, mi compañía en la tormenta y un bote salvavidas cuando pasaba demasiadas horas frente al papel. Si le hubiera dicho que escribiría mejor con la *Gioconda* en el salón, no tengo dudas de que habría encontrado la forma de colarse en el Musée du Louvre para traérmela. Gracias, porque este Frodo no habría llegado tan lejos sin su Sam.

A mis amigos, gracias por dedicarme tiempo de calidad y alentarme a soñar a lo grande. Vuestro infinito cariño y apoyo me ayudaron a lanzarme a mar abierto.

Gracias a mis gorgones, esos 121.000 seguidores que inundan @semontolahistoria con amor y buen rollo. Su curiosidad y cariño me ayudaron a apostar por mis habilidades como divulgadora.

Gracias también a todos aquellos que ya no están conmigo, pero que permanecen en mis recuerdos y en lo más profundo de mi corazón. No importa si estáis en el Aval, el Sessrúmnir o al otro lado del arcoíris; cuando llegue mi hora, derribaré las puertas de cada uno para reencontrarme con vosotros y daros un enorme achuchón. Luego Ammyt podrá devorarme, si le apetece.

Por último, pero no menos importante, a ti querido lector, que te has embarcado en un viaje de 192 páginas soportando mis extraños ejemplos y mis muletillas. Gracias por no bajarte del barco y... ¡hasta la próxima travesía!

Bibliografía

Para escribir un libro de quince capítulos con temas que van desde la Prehistoria hasta la Edad Moderna, es imprescindible realizar una extensa (y a veces extenuante) indagación bibliográfica.

Además de las fuentes primarias (como *Commentarii in Ciceronis Somnium Scipionis*, *Historia natural*, de Plinio, *Historias*, de Heródoto o *Vidas de los doce césares*, de Suetonio), los ensayos e investigaciones de diversos profesionales me fueron de gran ayuda. A fin de que conozcas todos los detalles y puedas ampliar información, te dejo los manuales y publicaciones consultadas. Las encontrarás divididas por capítulos y ordenadas cronológicamente para tu mayor comodidad. ¡Te quejarás...!

CAPÍTULO 1

BERNAL, M. A. y SANTIAGO, A. (2021). *Paleolítico: De los primeros pobladores al ocaso neandertal en la Península Ibérica*. Córdoba, Almuzara.

WRAGG, R. (2021). *Neandertales: La vida, el amor, la muerte y el arte de nuestros primos lejanos*. Barcelona, GeoPlaneta.

CIROTTEAU, T., KERNER, J. y PINCAS, É. (2021). *Lady Sapiens: Enquête sur le femme au temps de la Prèhistoire*. París, Les Arènes.

FINLAYSON, C. (2020). *El neandertal inteligente: arte rupestre, captura de aves y revolución cognitiva*. Córdoba, Almuzara.

MONCLOVA BOHÓRQUEZ, A. (2020). *La extinción del neandertal y los humanos modernos*. Córdoba, Almuzara.

HEYER, E. (2020). *L'odyssée des gènes*. París, Flammarion.

MILLÁS, J. J. y ARSUAGA, J. L. (2020). *La vida contada por un sapiens a un neandertal*. Madrid, Alfaguara.

VILLAVERDE, V. (2020). *La mirada neandertal: orígenes del arte visual*, vol. 32. Valencia, Universitat de València.

MONCLOVA BOHÓRQUEZ, A. (2019). *La conspiración del neandertal*. Córdoba, Almuzara.

BEAUNE, S. y BALZEAU, A. (2016). *Notre préhistoire. La grande aventure de la famille humaine*. París, Éditions Belin.

PÄÄBO, S. (2015). *El hombre de Neandertal. En busca de los genomas perdidos*. Madrid, Alianza Editorial.

GAMBLE, C. y STRINGER, C. (2001). *En busca de los neandertales. La solución al rompecabezas de los orígenes humanos*. Barcelona, Crítica.

MELLARS, PAUL A. (1995). *The Neanderthal Legacy: An Archaeological Perspective from Western Europe*. New Jersey, Princeton University Press.

TATTERSALL, I. (1995). *The Last Neanderthal: The Rise, Success and Mysterious Extinction of Our Closest Human Relatives*. Oxford, Westview Press.

CAPÍTULO 2

WILKINSON, T. (2023). *Origen del Antiguo Egipto. Los primeros faraones en el predinástico tardío*. Córdoba, Almuzara.

IKRAM, S. (2021). *Antiguo Egipto: Introducción a su historia y cultura*. Córdoba, Almuzara.

PADRÓ, J. (2020). *Secretos del Antiguo Egipto*. Barcelona, Crítica.

PADRÓ, J. (2019). *Historia del Egipto faraónico*. Madrid, Alianza Editorial.

PARRA ORTIZ, J. M. (2016). *Eso no estaba en mi libro de historia del Antiguo Egipto*. Córdoba, Almuzara.

AJA SÁNCHEZ, J. R. (2015). *Aguas mágicas. El Nilo en la memoria y la religiosidad del Mundo Antiguo*. Madrid, UNED.

MARTÍNEZ DE LA TORRE, C., GÓMEZ LÓPEZ, C. y VIVAS SAINZ, I. (2012). *Arte de las grandes civilizaciones antiguas: Egipto y Próximo Oriente.* Madrid, Ramón Areces.

WILKINSON, T. (2011). *Auge y caída del Antiguo Egipto.* Barcelona, Debate.

SHAW, I. (2010). *Historia del Antiguo Egipto.* Madrid, La Esfera de los Libros.

LÓPEZ MELERO, R. (2010). *Breve historia del mundo antiguo.* Madrid, Ramón Areces.

BREWER, D. J. (2007). *Historia de la civilización egipcia.* Barcelona, Crítica.

PÉREZ LARGACHA, A. (2006). *Historia antigua de Egipto y del Próximo Oriente.* Madrid, Akal.

ALDRED, C. (2005). *Los egipcios.* Madrid, Oberón.

IKRAM, S. (2003). *Death and Burial in Ancient Egypt.* Londres, Longman.

CAPÍTULO 3

BECKWITH, C. I. (2023). *The Scythian Empire: Central Eurasia and the Birth of the Classical Age from Persia to China.* New Jersey, Princeton University Press.

MOYA GALIANO, F. (2023). *Escitas, señores del arco y la flecha. Escitas y nómadas iranios en el Mundo Antiguo.* Córdoba, Almuzara.

FERNÁNDEZ CASTRO, M. C. y CUNLIFFE, B. W. (2019). *The Scythians: Nomad Warriors of the Steppe.* Oxford, Oxford University Press.

MAYOR, A. (2017). *Amazonas. Guerreras del mundo antiguo.* Madrid, Desperta Ferro.

RUBIO, S. (2014). *Derechos de la mujer en la Antigüedad.* Madrid, Última Línea.

BAUMER, C. (2012). *The History of Central Asia: The Age of the Steppe Warriors.* Londres, Tauris.

VV. AA. (2012). *Historia de Grecia Antigua.* Barcelona, Ediciones Cátedra.

ATESHI, N. (2011). *The Amazons of the Caucasus.* Berlín, Ganjevi Institut.

DOMÍNGUEZ ARRANZ, A. (2010). *Mujeres en la Antigüedad Clásica. Género, poder y conflicto.* Madrid, Sílex Ediciones.

LEBEDYNSKY, I. (2009). *Les Amazones: Mythe et réalité des femmes guerrières chez les anciens nomades de la steppe.* París, Editions Errance.

ANTHONY, D. W. (2007). *The Horse, the Wheel, and Language: How Bronze-Age Riders from the Eurasian Steppes Shaped the Modern World.* New Jersey, Princeton University Press.

GEARY, P. (2006). *Women at the Beginning: Origin Myths from the Amazons to the Virgin Mary.* New Jersey, Princeton University Press.

POMEROY, S. B. (2004). *Diosas, rameras, esposas y esclavas. Mujeres en la Antigüedad clásica.* Madrid, Akal.

DAVIS-KIMBALL, J. (2002). *Warrior Women: An Archaeologist's Search for History's Hidden Heroines.* Nueva York, Warner Books.

WEBSTER WILDE, L. (2000). *On the Trail of the Women Warriors.* Nueva York, St. Martin's Press.

BLOK, J. H. (1995). *The Early Amazons: Modern and Ancient Perspectives on a Persistent Myth.* Leiden, Brill.

CAPÍTULO 4

LLEWELLYN-JONES, L. (2024). *Los persas. La era de los grandes reyes.* Barcelona, Ático de los Libros.

RAHE, P. A. (2024). *Esparta. Historia, carácter, orígenes y estrategias.* Córdoba, Almuzara.

PEREA YEBENES, S. (2020). *Vida y civilización de los griegos.* Madrid, Sílex Ediciones.

VV. AA. (2019). *Introducción a la historia de la antigüedad.* Madrid, UNED.

BARCELÓ, P. y HERNÁNDEZ DE LA FUENTE, D. (2017). *Breve historia política del mundo clásico.* Madrid, Escolar y Mayo.

LE TALLEC, C., LE TALLEC, J. y LE TALLEC, Y. (2013). *Leonidas. Histoire et mémoire d'un sacrifice.* París, Ellipses.

VV. AA. (2012). *Historia de Grecia Antigua*. Barcelona, Ediciones Cátedra.

LÓPEZ MELERO, R. (2010). *Breve historia del mundo antiguo*. Madrid, Ramón Areces.

CARTLEDGE, P. (2010). *Termopilas: la batalla que cambió el mundo*. Barcelona, Ariel.

SAYAS ABENGOCHEA, J. J. (2007). *Historia de la Grecia antigua*. Madrid, UNED.

POMEROY, S. B. (2002). *Spartan Women*. Oxford, Oxford University Press.

CAPÍTULO 5

BEARD, M. (2023). *Emperador de Roma*. Barcelona, Planeta.

KELLY, B. y HUG, A. (2022). *The roman emperor and his court c. 30 BC-c. AD 300: Historical Essays and A Sourcebook*. Cambridge, Cambridge University Press.

GRIMAL, P. (2022). *La vida en la Roma antigua*. Barcelona, Ediciones Paidós.

BEARD. M. (2021). *Doce césares: la representación del poder desde el mundo antiguo hasta la actualidad*. Barcelona, Crítica.

HEATHER, P. (2018). *Emperadores y bárbaros*. Barcelona, Crítica.

BEARD, M. (2016). *SPQR. Una historia de la Antigua Roma*. Barcelona, Crítica.

JONES, P. (2013). *Veni, vidi, vici. Hechos, personajes y curiosidades de la antigua Roma*. Barcelona, Crítica.

ROLDÁN HERVÁS, J. M. (2012). *Calígula: el autócrata inmaduro*. Madrid, La Esfera de los Libros.

TONER, J. (2012). *Sesenta millones de romanos. La cultura del pueblo en la antigua Roma*. Barcelona, Crítica.

WINTERLING, A. (2011). *Caligula. A biography*. California, University of California Press.

GOLDSWORTHY, A. (2010). *En el nombre de Roma: los hombres que forjaron el Imperio*. Barcelona, Ariel.

BRAVO, G. (2008). *Historia del mundo antiguo: una introducción crítica.* Madrid, Alianza Editorial.

CAPÍTULO 6

MATEO DONET, M. A. (2021). *Gladiadores. Una breve introducción.* Madrid, Alianza Editorial.

MAÑAS, A (2018). *Gladiadores. El gran espectáculo de Roma.* Barcelona, Ariel.

TONER, J. (2012). *Sesenta millones de romanos. La cultura del pueblo en la antigua Roma.* Barcelona, Crítica.

KNAPP, R. C. (2011). *Los olvidados de Roma.* Barcelona, Ariel.

LILLO REDONET, F. (2011). *Gladiadores: mito y realidad.* Madrid, Evohe.

BRAVO, G. (2008). *Historia del mundo antiguo: una introducción crítica.* Madrid, Alianza Editorial.

MCCULLOUGH, A. (2008). *Female Gladiators in Imperial Rome: Literary Context and Historical Fact. The Classical World*, vol. 101. Baltimore, Johns Hopkins University Press.

EDWARDS, C. (2007). *Death in Ancient Rome.* New Haven. Yale University Press.

FUTRELL, A. (2006). *The Roman Games: A Sourcebook, Blackwell Sourcebooks in Ancient History.* Oxford, Blackwell.

KÖNE, E. y EWIGLEBEN, C. (2000). *Gladiators and Caesars: The Power of Spectacle in Ancient Rome.* California, University of California Press.

CAPÍTULO 7

IKRAM, S. (2021). *Antiguo Egipto: Introducción a su historia y cultura.* Córdoba, Almuzara.

PADRÓ, J. (2020). *Secretos del Antiguo Egipto.* Barcelona, Crítica.

BUDIN, S. L. (2016). *Women in Antiquity: Real women across the ancient world.* Nueva York, Routledge.

SCHIFF, S. (2011). *Cleopatra*. Barcelona, Destino.

ROLLER, D. W. (2011). *Cleopatra: una biografía*. Nueva York, Nueva York University Press.

WILKINSON, T. (2011). *Auge y caída del Antiguo Egipto*. Barcelona, Debate.

KLEINER, D. E. E. (2009). *Cleopatra and Rome*. Cambridge, The Belknap Press.

ASHATON, S. A. (2008). *Cleopatra and Egypt*. Oxford. Wiley-Blackwell.

SCHULLER, W. (2008). *Cleopatra, una reina en tres culturas*. Madrid, Siruela.

AGER, S. L. (2006). «The Power of Excess: Royal Incest and the Ptolemaic Dynasty», *Anthropologica*, vol. 48, n.º 2, pp. 165-186. Canadian Anthropology Society.

JONES, P. J. (2006). *Cleopatra: A Sourcebook*. Oklahoma, University of Oklahoma.

BURSTEIN, S. M. (2004). *El reinado de Cleopatra*. Westport, Greenwood Press.

HÖBL, G. (2001). *Historia del Imperio Ptolemaico*. Londres, Routledge.

CHAUVEAU, M. (2000). *Cleopatra más allá del mito*. Madrid, Alianza Editorial.

CIMMA, M. R. (1976). *Reges socii et amici populi Romani*. Milán, Giuffrè.

CAPÍTULO 8

HARVEY, K. (2023). *Los fuegos de la lujuria. Una historia del sexo en la Edad Media*. Barcelona, Ático de los Libros.

RAMÍREZ, J. (2023). *Fémina. Una nueva historia de la Edad Media a través de las mujeres*. Barcelona, Ático de los Libros.

JONES, D. (2022). *Poder y tronos. Una nueva historia de la Edad Media*. Barcelona, Ático de los Libros.

WICKMAN, C. (2020). *Las formas del feudalismo*. Valencia, Universitat de València.

ECHEVARRÍA ARSUAGA, A. y MARTÍN VISO, I. (2019). *La Península Ibérica en la Edad Media (700-1250)*. Madrid, UNED.

WICKMAN, C. (2017). *Europa en la Edad Media. Una nueva interpretación*. Barcelona, Crítica.

ORTEGA BAÚN, A. (2016). «Sexo, mentiras y Edad Media: el derecho de pernada y el cinturón de castidad en la España medieval», *Roda da Fortuna*, vol. 5, n.º 1-1.

TOUBERT, P. (2016). *En la Edad Media. Fuentes, estructuras, crisis*. Granada, Universidad de Granada.

FELLER, L. (2015). *Campesinos y señores en la Edad Media. Siglos VIII-XV*. Valencia, Universitat de València.

ULLMAN, W. (2013). *Historia del pensamiento político en la Edad Media*. Barcelona, Ariel.

LADERO QUESADA, M. F. y LÓPEZ PITA, P. (2011). *Introducción a la historia del Occidente medieval*. Madrid, Ramón Areces.

FOSSIER, R. (2007). *Gente de la Edad Media*. Madrid, Taurus.

FERNÁNDEZ CONDE, F. J. (2004). *La España de los siglos XIII al XV. Transformaciones del feudalismo tardío*. San Sebastián, Nerea.

GEORGES DUBY, G. y PERROT, M. (2000). «Historia de las mujeres», vol. 2, *La Edad Media*. Madrid, Taurus.

BOUREAU, A. (1995). *Le droit de cuissage. La fabrication d'un mythe (XIIIe-XXe siécle)*. París, Albin Michel.

CAPÍTULO 9

BARRACLOUGH, E. R. (2023). *Más allá de las tierras del norte. Los viajes vikingos y las antiguas sagas nórdicas*. Barcelona, Ático de los Libros.

JARMAN, C. (2023). *Los reyes del río. Una nueva historia de los vikingos desde Escandinavia a las rutas de la seda*. Barcelona, Ático de los Libros.

PRICE, N. (2022). *Vikingos. La historia definitiva de los pueblos del norte*. Barcelona, Ático de los Libros.

GRAHAM-CAMPBELL, J. (2021). *Viking Art (World of Art)*. Londres, Thames & Hudson.

VARBERG, J. (2019). *Vikings*. Copenhague, Gyldendal.

SHIPPEY, T. (2018). *Laughing Sall I Die: Lives and Deaths of the Great Vikings*. Londres, Reaktion Books.

HEATHER, P. (2018). *Emperadores y bárbaros*. Barcelona, Crítica.

VIDAR SIGURDSSON, J. (2017). *Viking friendship: The social bond in Iceland and Norway, c. 900-1300*. Íthaca, Cornell University Press.

ROESDAHL, E. (2016). *The Vikings* (3.ª ed). Londres, Penguin Random House.

HELMBRECHT, M. (2016). *Wikinger!* Hamburgo, Koehler.

CHRISTYS, A. (2015). *Vikings in the South: Voyages to Iberia and the Mediterranean*. Londres, Bloomsbury Publishing.

DOMÍNGUEZ, C. (2015). *La Inglaterra anglosajona. Una síntesis histórica (siglos V-XI)*. Madrid, La Ergástula.

WILLIAMS, G. (2014). *The Viking Ship*. Londres, British Museum.

HADLEY, D. M. y HARKEL, L. (2013). *Everyday Life in Viking-Age Towns: Social Approaches to Towns in England and Ireland, c. 800-1100*. Oxford Books.

HEDEAFER, L. (2011). *Iron Age Myth and Materiality: An archaeology of Scandinavia AD 400-1000*. Londres, Routledge.

BARRET, J. H. (2003). *Contact, Continuity and Collapse. The Norse Colonization of the North Atlantic*. Turnhout, Brepols.

FRANK, R. (2000). «The Invention of the Viking Horned Helmet». *International Scandinavian and Medieval Studies in memory of Gerd Wolfgang Weber*. Trieste, Parnaso.

CAPÍTULO 10

JENKINS, S. (2021). *Breve historia de Inglaterra*. Madrid, La Esfera de los Libros.

ROSS, D. (2019). *The Black Douglas. James the Good*. Glasgow, Luath Press.

TELFER, G. (2018). *William Wallace, Scotlands Hero*. Edimburgo, Big Ride.

MORTON, G. (2014). *William Wallace: A National Tale*. Edimburgo, Edinburgh University Press.

STEVENSON, K. (2014). *Power and Propaganda: Scotland 1306-1488*. Edimburgo, Edinburgh University Press.

ROSS, D. (2013). *Scotland. History of a Nation*. Broxburn, Lomond Books.

OLIVER, N. (2010). *A History of Scotland*. Londres, W&N.

BARROW, G. (2005). *Robert Bruce and the Community of the Realm of Scotland*. Edimburgo, Edinburgh University Press.

MORTON, G. (2001). *William Wallace: Man and Myth*. Gloucestershire, Sutton Publishing.

CAPÍTULO 11

JONES, D. (2022). *Poder y tronos. Una nueva historia de la Edad Media*. Barcelona. Ático de los Libros.

ORTEGA CERVIGÓN, J. I. (2020). *Breve historia de la vida cotidiana de la Edad Media occidental*. Madrid, Ediciones Nowtilus.

AURELL, J. (2020). *Medieval Self-Coronations: The History and Symbolism of a Ritual*. Cambridge, Cambridge University Press.

LEGOFF J. (2017). *Los intelectuales en la Edad Media*. Barcelona, Gedisa.

WICKMAN, C. (2017). *Europa en la Edad Media. Una nueva interpretación*. Barcelona, Crítica.

HOSKIN, M. (2016). *Breve historia de la astronomía*. Madrid, Alianza Editorial.

CLARAMUNT RODRÍGUEZ, S., PORTELA SILVA, E. y GONZÁLEZ JIMÉNEZ, M. (2014). *Historia de la Edad Media* (3.ª ed.). Barcelona, Ariel.

VV. AA. (2014). *El arte en la Baja Edad Media occidental; arquitectura, escultura y pintura*. Madrid, Ramón Areces.

VV. AA. (2014). *Historia del Arte en la Alta y Plena Edad Media*. Madrid, Ramón Areces.

ECHEVARRÍA ARSUAGA, A. y RODRÍGUEZ GARCÍA, J. M. (2013). *Atlas histórico de la Edad Media* (2.ª ed.). Madrid, Ramón Areces.

ULLMAN, W. (2013). *Historia del pensamiento político en la Edad Media*. Barcelona, Ariel.

LADERO QUESADA, M. F. y LÓPEZ PITA, P. (2011). *Introducción a la historia del Occidente medieval*. Madrid, Ramón Areces.

GARCÍA DE CORTÁZAR, J. Á. y SESMA MUÑOZ, J. Á. (2008). *Manual de Historia Medieval*. Madrid, Alianza Editorial.

FOSSIER, R. (2007). *Gente de la Edad Media*. Madrid, Taurus.

CAPÍTULO 12

LARA, M. (2023). *Juana I, la reina cuerda*. Córdoba, Almuzara.

SIERRA MARTÍN, C. (2020). *Historia de la medicina en la Antigüedad*. Madrid, Síntesis.

GARGANTILLA, P. (2019). *Historia curiosa de la medicina. De las trepanaciones a la guerra bacteriológica*. Madrid, La Esfera de los Libros.

SEGURA BAENA, J. (2016). *Juana I, la Loca, la usurpada y prisionera reina de Castilla*. Málaga, Ediciones del Genal.

VV. AA. (2015). *Imágenes del poder en la Edad Moderna*. Madrid, Ramón Areces.

LADERO QUESADA, M. A. (2014). *La España de los Reyes Católicos*. Madrid, Alianza Editorial.

VAL VALDIVIESO, M. I. del (2011). «La educación en la corte de la Reina Católica», *Miscelánea Comillas. Revista de Ciencias Humanas y Sociales*, 69 (n.º 134), pp. 255-273.

ZALAMA, M. A. (2010). *Juana I. Arte, poder y cultura en torno a una reina que no gobernó*. Madrid, Centro de Estudios Europa Hispánica.

GONZÁLEZ ALONSO, B. (coord.) (2006). *Las Cortes y las leyes de Toro de 1505: actas del congreso conmemorativo del V Centenario*. Salamanca, Cortes de Castilla y León.

ARAM, B. (2001). *La reina Juana. Gobierno, piedad y dinastía*. Madrid, Marcial Pons.

FERNÁNDEZ ÁLVAREZ, M. (2000). *Juana la Loca, la cautiva de Tordesillas.* Madrid, Espasa Calpe.

GEORGES DUBY, G. y PERROT, M. (2000). «Historia de las mujeres», vol. 2, *La Edad Media.* Madrid, Taurus.

GEORGES DUBY, G. y PERROT, M. (2000). «Historia de las mujeres», vol. 3, *Del Renacimiento a la Edad Moderna.* Madrid, Taurus.

RODRÍGUEZ, E. R. (1999). «La Concordia de Villafáfila. 27 de junio de 1506», *Studia Zamorensia*, n.º 5, pp. 109-154.

CAPÍTULO 13

RANKIN, H. F. (2023). *La Edad de Oro de la piratería.* Sevilla, Renacimiento.

HARING, C. H. (2022). *Los bucaneros de las Indias Occidentales en el siglo XVII.* Sevilla, Renacimiento.

LEHR, P. (2021). *Piratas. Una historia desde los vikingos hasta hoy.* Barcelona, Crítica.

FLORISTÁN, A. (2015). *Historia moderna universal.* Barcelona, Ariel.

ABULAFIA, D. (2013). *El gran mar: una historia humana del Mediterráneo.* Barcelona, Crítica.

MCGLYNN, S. (2012). «Scourge of the seas», *Basil II's lightning campaigns in the East*, vol. 2, n.º 6, pp. 48-52.

RIBOT GARCÍA, L. (2006). *Historia del mundo moderno.* Madrid, Actas.

LUCENA SAMORAL, M. (2005). *Piratas, corsarios, bucaneros y filibusteros.* Madrid, Síntesis.

BURGESS, G. S. (1997). *Two Medieval Outlaws: Eustace the Monk and Fouke Fitz Waryn.* Woodbridge, D. S. Bewel.

GARCÍA MONTERO, E. (1951). *El código de los piratas.* Lima, Azangaro.

CAPÍTULO 14

MUÑOZ PÁEZ, A. (2022). *Brujas. La locura de Europa en la Edad Moderna.* Barcelona, Penguin Random House.

BUDIN, S. L. (2021). *Women in Antiquity: Real women across the ancient world*. Nueva York, Routledge.

FARMER, A. (2020). *The Witchcraze of the 16th and 17th centuries*. Londres, Hodder Education.

HOWE, K. (2016). *El libro de las brujas: casos de brujería en Inglaterra y en las colonias norteamericanas (1582-1813)*. Barcelona, Alba Editorial.

FLORISTÁN, A. (2015). *Historia moderna universal*. Barcelona, Ariel.

DE LA TORRE, J. I. (2014). *Breve historia de la Inquisición*. Madrid, Ediciones Nowtilus.

KOLPACOFF DEANE, J. (2011). *A History of Medieval heresy and Inquisition*. Lanham, Rowman & Littlefield Publishers Inc.

MITCHELL, S. A. (2011). *Witchcraft and Magic in the Nordic Middle Ages*. Filadelfia, University of Pensilvania Press.

DOMÍNGUEZ ORTIZ, A. (2010). *Estudios de la Inquisición española*. Granada, Comares.

PÉREZ, J. (2010). *Historia de la brujería en España*. Madrid, Espasa.

GARCÍA OLMO, M. Á. (2009). *Las razones de la Inquisición española. Una respuesta a la Leyenda Negra*. Córdoba, Almuzara.

RIBOT GARCÍA, L. (2006). *Historia del mundo moderno*. Madrid, Actas.

ESCUDERO, J. F. (2005). *Estudios sobre la Inquisición*. Zaragoza, Marcial Pons.

BEHRINGER, W. (2004). *Witches and Witch-Hunts: a Global History*. Cambridge, Wiley.

CAPÍTULO 15

NORWICH, J. J. (2023). *Francia: una historia desde la Galia a De Gaulle*. Barcelona, Ático de los Libros.

CAMPAN, M. (2023). *Memorias de María Antonieta*. Madrid, Funambulista.

MCPHEE, P. (2020). *La Revolución francesa: 1789-1799, una nueva historia*. Barcelona, Crítica.

CARLYLE, T., SORENSEN, D. R. y KINSER, B. E (2019). *The French revolution*. Oxford, Oxford University Press.

HARDMAN, J. (2019). *Marie-Antoinette: The Making of a French Queen*. New Haven, Yale University Press.

HARDMAN, J. (2016). *The Life of Louis XVI*. New Haven, Yale University Press.

BOURDIN, P. y TRIOLAIRE, C. (2015). *La Révolution française, actualité et héritages*. París, Belin.

FLORISTÁN, A. (2015). *Historia moderna universal*. Barcelona, Ariel.

BENDRISS, E. (2013). *Breve historia de los Capetos. Esplendor y crepúsculo de los reyes de la Flor de Lis*. Madrid, Dilema.

FRASER, A. (2006). *María Antonieta: la última reina*. Barcelona, Edhasa.

RIBOT GARCÍA, L. (2006). *Historia del mundo moderno*. Madrid, Actas.

Este libro terminó de escribirse
en el mes de abril de 2024.